玉山 申澈守 漢詩選
옥산 신철수 한시선

옥산 신철수 한시선
玉山 申澈守 漢詩選

초판발행　　　2025년 06월 20일

발행 및 편집인　　신상성
지은이　　　　　신철수
주간　　　　　　목진숙
편집위원　　　　유자효 박동관 최창영 윤은숙
북 디자인　　　 명성문화센터
표지　　　　　　명성디자인실

발행처　　　아시아예술출판사
농협　　　　351 1056 7903 63 (아시아)
등록번호　　2018-000098호
연락처　　　T. 010 2422 5258
　　　　　　writer119@naver.com
주소　　　　경기도 안산시 상록구 감골 2로58 선경(아) 102-1202

ISBN 979-11-92713-26-7
값 25,000원

> 이 책은 거제시의 문화예술지원을 보조받아 발간되었습니다.

* 이 도서의 국립중앙도서관 출판예정도서목록(CIP)은 서지정보유통지원시스템 홈페이지
(http://kolis-net.nl.go.kr)에서 이용하실 수 있습니다.

玉山 申澈守 漢詩選

옥산 신철수 한시선

玉山 申澈守 著

아시아예술출판사

♦ 시인의 말

  문학의 길을 걸어온 근원을 보면, 본인의 할아버지 호는 자순子順이며, 이름은 신계순申啓順으로서 통영시 사량도 돈지리에서 태어 나시고 서당 훈장을 하신 한학자였으니, 손자인 나에게 혈육과 문학의 흐름이 이어졌다.
  거제도 섬 속의 섬 산달섬에서 태어난 본인은 자연스럽게 학문(특히, 한자·한문)의 맥을 주저없이 받아, 1978년 봄부터 40여년을 한시를 쓰고 또 쓰기를 쉼 없이 하였다. 혹자는 자서전적인 한시 내용의 일면도 느낄 것이다.
  그리하여 글 쓰는 일은 앞으로 변함없이 계속 하고자 한다.
  왜냐하면, 대 자연 속에서 깊은 사색으로 인생·삶·사랑 등 이 모든 것을 동양화 기법으로 종이에 그려야 하기 때문이다.
  생각하건데 한시에 대한 문학의 한 부문 표현에서 부족하면 채우고 노력과 겸손의 태도로 쓴 이 첫 번째 서책을 오늘에 이르러 태양빛 보게하여, 4대 독자를 낳아 길러 주신 나의 부모님께 두손 모두어 바친다.

  ※ 시집 제일 첫장 시詩 참고 (제목:춘우초)

학鶴을 좋아하는 나는 인생의 여로에서 공부를 더 하고 싶어, 55세 나이에 4년 정규대학에 입학하여 열심히 다니면서 자식 같은 학우들과 깊은 학문을 한 것은 더없는 즐거움이었고 인문학 분야라서 글쓰기에도 큰 도움이 되었으니 추억 속의 보석이었다.

이 지면을 통하여 항상 많은 도움을 주신 양재성 거제시문학회장님을 비롯한 모든 분들께 깊은 감사를 드린다. 특히 사랑하는 나의 부인 정양금 여사와 가족들에게 늘 따뜻하고 깊은 마음을 전한다.

글 맺으면서, 존경하는 신상성 교수님의 한시 평론에 대하여 머리 숙여 겸손되이 고마운 말씀을 올립니다.

매화梅花를 가장 좋아하는 나는, 모든 분들의 건강을 늘 기도합니다.

2025년 봄에
매화꽃을 보면서
신철수 씀

目次

Ⅰ. 思春梅 사춘매
봄 · 매화 생각에

Ⅱ. 思夏蘭 사하란
여름 · 난초 생각에

Ⅲ. 思秋菊 사추국
가을 · 국화 생각에

Ⅳ. 思冬竹 사동죽
겨울 · 대나무 생각에

◆ 신철수 한시선 문학론 ◆

봄 · 매 화 생 각 에

I. 思春梅 사춘매

001. 春雨草(춘우초) 봄비에 풀 돋아나고　　18
002. 老仙釣月(노선조월) 늙은 신선 달빛 낚고　　19
003. 思春(사춘) 봄에 생각하니　　20
004. 秋飛黃蝶(추비황접) 가을에 노란 나비가 날으니　　21
005. 鄕心釣(향심조) 고향에서 낚시하는 마음에　　22
006. 雀花(작화) 참새는 꽃에 날고　　23
007. 老二松(노이송) 오랜 세월 두 소나무가　　24
008. 思忠武公(사충무공) 충무공을 생각하며　　25
009. 天弓(천궁) 무지개　　26
010. 山書(산서) 책이 쌓여 있는 산　　27
011. 思魚母(사어모) 작은 고기는 어미 생각하네　　28
012. 微笑(미소) 미소를 머금고　　29
013. 冬仙(동선) 겨울 신선　　30
014. 山問汝(산문여) 산이 그대에 물어　　31
015. 登鏡湖亭(등경호정) 경호정에 올라　　32
016. 兎峯(토봉) 토끼봉을 향하는데　　33
017. 旅情(여정) 나그네의 마음　　34
018. 春閑(춘한) 봄날의 한가로움　　35
019. 四季(사계) 사계절이 있기에　　36
020. 味酒(미주) 술잔 드니　　37
021. 思鄕(사향) 고향 생각에　　38
022. 知心(지심) 자연은 서로 마음 아네　　39
023. 我味不(아미불) 나의 뜻 아니었네　　40
024. 秋已(추이) 가을은 이미 왔는데　　41
025. 登 神仙臺(등신선대) 신선대에 오르니　　42
026. 龍山老松(용산노송) 용산에서 노송 보고　　43

027. 鴛鴦遊親(원앙유친) 원앙이 사이 좋아 노닐고　　44
028. 葉飛(엽비) 낙엽 날으는 모습이　　45
029. 鶴書雪(학서설) 학이 눈에 글을 쓰네　　46
030. 弄月亭(농월정) 농월정　　47
031. 故山(고산) 고향산에 오니　　48
032. 雪臥(설와) 눈이 누워 있네　　49
033. 東溪(동계) 문동 계곡　　50
034. 松思(송사) 소나무 아래서 생각하니　　51
035. 思義(사의) 생각을 올바르게　　52
036. 月夜(월야) 밤에 정월 대보름 달 보니　　53
037. 少仙酒(소선주) 어린 신선 술잔 들고　　54
038. 蛇梁島(사량도) 사량도에 오니　　55
039. 一心字(일심자) 일심이라는 글자가 물에 있네　　56
040. 茶思草牛(다사초우) 차 마시며 어릴 때 소 풀 먹이던 생각에　　57
041. 鷗求(구구) 갈매기가 고기를 구하네　　58
042. 月夜見城(월야견성) 달 밤에 성을 보니　　59
043. 蛙春夢(와춘몽) 개구리의 봄꿈　　60
044. 少來草家(소래초가) 어린 아이 초가집으로 오는데　　61
045. 棋仙(기선) 신선이 바둑 두고　　62
046. 仁笑(인소) 어진 자의 미소　　63
047. 水龜(수구) 물에 거북이가　　64
048. 前粿家(전기가) 떡집 앞에서　　65
049. 我詩有(아시유) 나의 시가 있음은　　66
050. 鶴洞松下(학동송하) 학동 소나무 아래서　　67
051. 月授扇(월수선) 달이 부채를 주고　　68
052. 無言降雨(무언강우) 말 없이 비는 내리고　　69
053. 見雞卵(견계란) 달걀을 보니　　70
054. 秋山紅錦(추산홍금) 가을 산에 붉은 비단　　71
055. 梅花山(매화산) 매화가 있는 산　　72

여 름 · 난 초 생 각 에
II. 思夏蘭 사하란

056. 蟬歌(선가) 매미의 노래는 76
057. 童鄕場遊(동향장유) 어릴 때 고향 마당에서 놀았네 77
058. 蘆田(노전) 갈대밭에는 78
059. 靑松一樹(청송일수) 한 그루 푸른 솔 79
060. 聲夏草虫(성하초충) 여름 풀 벌레 소리는 80
061. 海鄕(해향) 고향 바다에는 81
062. 秋溪思親(추계사친) 가을날 시냇가 부모님 생각 82
063. 鷗談(구담) 갈매기와 대화 83
064. 故戀(고련) 고향이 그리워서 84
065. 春蛙畓(춘와답) 봄 논의 개구리는 85
066. 待季(대계) 사계절을 기다리네 86
067. 無心(무심) 마음을 비우고 87
068. 見月(견월) 달을 보니 88
069. 門女(문녀) 문에 여인 있어 89
070. 歲見(세견) 세월을 보니 90
071. 霜花(상화) 서리꽃은 91
072. 蝶談(접담) 나비들의 대화 92
073. 登臨鏡臺(등임경대) 임경대에 오르니 93
074. 飛蝶(비접) 나비는 날으며 94
075. 多島(다도) 섬은 많으니 95
076. 秋情(추정) 가을 정 깊어 96
077. 鄕家(향가) 고향 집에 오니 97
078. 花郞矢(화랑시) 화랑의 화살은 98
079. 鷗遊(구유) 갈매기는 놀고 99
080. 曲波(곡파) 굽이치는 파도는 100
081. 夏日江邊(하일강변) 여름 날 강가에 101

082. 秋家酒(추가주) 가을 날 주막에서　　　　102
083. 村路(촌로) 시골길 걸어가니　　　　103
084. 鷗波(구파) 갈매기와 파도는　　　　104
085. 春花落(춘화락) 봄 꽃잎 지는데　　　　105
086. 畵扇(화선) 부채에 그림 있어　　　　106
087. 處宴(처연) 잔치에 들러서　　　　107
088. 思鄕(사향) 고향 생각에　　　　108
089. 小路(소로) 작은 길에　　　　109
090. 恩惠寺溪(은혜사계) 은혜사 계곡에　　　　110
091. 芳下來(방하래) 방하 마을에 오니　　　　111
092. 花泳(화영) 꽃잎은 헤엄치고　　　　112
093. 春思秋菊(춘사추국) 봄에 가을 국화 생각하니　　　　113
094. 山思(산사) 산이 생각하네　　　　114
095. 鄕無畓(향무답) 고향에 논은 없네　　　　115
096. 波洗沙(파세사) 파도는 모래를 씻고　　　　116
097. 銅杯(동배) 구리 잔 들고　　　　117
098. 無心仙(무심선) 신선이 마음 비우고　　　　118
099. 飛鴻(비홍) 큰 기러기 날며　　　　119
100. 梅花村(매화촌) 매화 마을에는　　　　120
101. 飛蝶鳥(비접조) 나비와 새 날고　　　　121
102. 秋竹影潭(추죽영담) 가을날 연못에 대나무가　　　　122
103. 梅雲(매운) 매화 구름이　　　　123
104. 有心(유심) 마음은 있으니　　　　124
105. 見五六島(견오륙도) 오류도를 보니　　　　125
106. 見仙(견선) 신선이 보니　　　　126
107. 波龍遊(파룡유) 용이 노는 파도 모습이　　　　127
108. 孤海酒(고해주) 바닷가에서 외로히 술 마시니　　　　128
109. 靑燭月心(청촉월심) 푸른 촛불 달의 마음　　　　129
110. 飛鷰(비연) 제비 날아 오겠네　　　　130

가을 · 국화 생각에

III. 思秋菊 사추국

111.	草家母情(초가모정) 초가집의 모정	134
112.	孤鶴思院(고학사원) 외로운 학 병원에서 생각하니	135
113.	思友(사우) 친구 생각에	136
114.	海月(해월) 바다와 달은	137
115.	獨飛鴻(독비홍) 기러기 홀로 날고	138
116.	我走先(아주선) 나 먼저 달렸지	139
117.	月下有仙(월하유선) 달 아래 신선 있어	140
118.	秋隨(추수) 가을을 따라서	141
119.	梅香(매향) 매화 향기	142
120.	別友(별우) 벗과의 이별은	143
121.	海香(해향) 바다 향기 맡으며	144
122.	夏蟬秋蚟(하선추왕) 여름 매미와 가을 귀뚜라미	145
123.	黃山(황산) 노을 입은 산이네	146
124.	松想(송상) 소나무와 생각하니	147
125.	夏燕(하연) 여름에 제비가	148
126.	月我(월아) 나의 달은	149
127.	思月(사월) 달 보고 생각하니	150
128.	春山(춘산) 봄 산	151
129.	白梅小蝶(백매소접) 흰 매화 작은 나비	152
130.	思母(사모) 어머님 생각에	153
131.	松鷗(송구) 소나무와 갈매기	154
132.	紅梅黃鳥(홍매황조) 붉은 매화 노란 새	155
133.	松聲(송성) 솔 바람 소리는	156
134.	春日霧夜(춘일무야) 봄날 안개 낀 밤에	157
135.	霧花(무화) 안개꽃	158
136.	草田行(초전행) 풀밭을 거닐며	159

137.	多酒(다주) 술 많이 마시면	160
138.	月心流(월심류) 달의 마음 흐르고	161
139.	雪流(설류) 눈 녹아 흐르고	162
140.	冬竹(동죽) 겨울 속 대나무는	163
141.	湖鴨(호압) 호수에 오리가	164
142.	雪田書鶴(설전서학) 눈 밭에 학 글 쓰네	165
143.	飛雁(비안) 기러기는 날고	166
144.	春已(춘이) 봄은 이미 왔는데	167
145.	冬木動(동목동) 겨울 나무 흔들리고	168
146.	松下(송하) 소나무 밑에서	169
147.	雅心(아심) 고운 마음	170
148.	月靜(월정) 달은 고요한데	171
149.	波聲(파성) 파도 소리	172
150.	波談(파담) 파도의 이야기	173
151.	柿村(시촌) 감나무 고을에서	174
152.	見山茱萸(견산수유) 산수유 보면서	175
153.	海村(해촌) 바닷가 마을은	176
154.	秋花飛蝶(추화비접) 가을 꽃에 나비 날고	177
155.	思秋(사추) 가을에 생각은	178
156.	秋雨降靜(추우강정) 고요하게 가을비 내리고	179
157.	秋夜思戀(추야사련) 가을 밤에 그리운 생각	180
158.	讀文(독문) 글을 읽으면	181
159.	月流(월류) 달빛 흐르고	182
160.	客酒(객주) 주막에 손님되어	183
161.	柳知我心(류지아심) 버드나무는 나의 마음 알고	184
162.	明洞山林(명동산림) 명동 산 속에서	185
163.	春山(춘산) 봄 산은	186
164.	市女(시녀) 시장에서 여인은	187
165.	此巨濟大橋(차거제대교) 여기는 거제대교	188

겨 울 · 대 나 무   생 각 에
IV. 思冬竹 사동죽

166. 見江(견강) 강을 보고 있으니	192
167. 冬夜(동야) 겨울 밤에	193
168. 與友酒家(여우주가) 친구와 주막에서	194
169. 白雲流(백운류) 흰 구름 흘러	195
170. 冬松(동송) 겨울 소나무는	196
171. 感海冬風(감해동풍) 바닷가 겨울 바람 느끼며	197
172. 不必掃(불필소) 돌 층계 쓸 필요 없는데	198
173. 思童(사동) 어린 시절 생각하니	199
174. 登矗石樓(등촉석루) 촉석루에 오르니	200
175. 夏雨(하우) 여름 빗소리에	201
176. 晝酒(주주) 낮에 술 마시는 모습이	202
177. 不問答客(불문답객) 나그네는 물음에 답 없이 가고	203
178. 茶香(다향) 벗과 차 향기 맡으며	204
179. 曉書(효서) 새벽에 글을 쓰니	205
180. 靑島夜月(청도야월) 중국 청도의 밤 달 보며	206
181. 海金剛(해금강) 해금강에 오니	207
182. 山達天弓橋(산달천궁교) 산달 무지개 다리에서	208
183. 秋談(추담) 가을의 속삭임이	209
184. 老松下思(노송하사) 노송 아래서 생각하니	210
185. 曉心(효심) 새벽 마음에	211
186. 竹談(죽담) 대나무와 대화	212
187. 統營港(통영항) 통영항에 오니	213
188. 行小眞(행소진) 작은 진실을 행하면	214
189. 有谷(유곡) 계곡 있으니	215
190. 松枝臥林(송지와림) 소나무 가지 숲 속에 누워	216
191. 黃梅山行(황매산행) 황매산에 오니	217

192. 見燭(견촉) 촛불을 보니	218
193. 鳥聲(조성) 새 소리 들어 보니	219
194. 少思鄕隣(소사향린) 어릴 때 고향 이웃 생각	220
195. 月與酒仙(월여주선) 달이 신선에게 술 주네	221
196. 靑山見雲(청산견운) 푸른 산은 구름 보네	222
197. 獨鶴(독학) 외로운 학	223
198. 秋夕前日(추석전일) 추석 전날에	224
199. 谷菊(곡국) 국화 한 송이 계곡에	225
200. 白波(백파) 하얀 파도는	226
201. 恕心(서심) 용서하는 마음은	227
202. 思女歌(사녀가) 님의 노래 생각하며	228
203. 老家海談(노가해담) 노인의 집 바닷가 이야기	229
204. 詩鄕(시향) 시인의 마을	230
205. 霧鷗(무구) 안개와 갈매기	231
206. 龜蠃(구이) 거북이와 달팽이	232
207. 半月霞(반월하) 반달과 노을	233
208. 霧春夢(무춘몽) 안개 속 봄 꿈	234
209. 行沙等面所(행사등면소) 사등면사무소에 오니	235
210. 眞言(진언) 진실된 말은	236
211. 見無谷(견무곡) 계곡은 보이지 않네	237
212. 登大錦山(등대금산) 대금산에 오르니	238
213. 雲之(운지) 구름 가듯이	239
214. 見蘭(견란) 난초를 보라	240
215. 仙扇行(선선행) 신선 부채 들고 가는데	241
216. 湖畔(호반) 호숫가에 오니	242
217. 霧中豹口(무중표구) 안개 속 표범 입	243
218. 鹿淸眼(녹청안) 사슴의 맑은 눈	244
219. 夏風(하풍) 여름 바람	245
220. 玉花(옥화) 꽃에 구슬이 피었네	246
221. 母, 我母(모, 아모) 어머니, 나의 어머니	247

신철수 한시선 문학론 : 신상성(문학박사) 바이칼 호수 돛단배 미학성   250

I

思春梅
사춘매

봄 · 매화 생각에

春雨草(춘우초)

思母聲春雨(사모성춘우)
思父春草見(사부춘초견)
見春雨草心(견춘우초심)
親思每年年(친사매년년)

봄비에 풀 돋아나고

봄비 소리 들으니 어머님 생각나고
봄 새싹 보니 아버님 생각 나네
봄비 봄풀 마음으로 보니
해마다 부모 생각뿐이로다

每(매): 매양, 마다, 늘, 항상

老仙釣月(노선조월)

老仙行心釣(노선행심조)
思月好比漁(사월호비어)
前釣魚醉月(전조어취월)
草影月柴門(초영월시문)
少仙待草家(소선대초가)
思多魚同仙(사다어동선)
無魚手歌仙(무어수가선)
有月心仙滿(유월심선만)

늙은 신선 달빛 낚고

늙은 신선 마음으로 낚시 가는 데
생각하니 고기잡이보다 달이 좋아
낚시하기 전 달빛에 취했네
초가집 비추는 달은 사립문 그림자 만들구나
어린 신선은 초가에서 기다리고
많은 고기와 늙은 신선 함께 오겠지 생각하는데
노래하며 오는 신선 손에 고기 있을 리 없고
신선의 마음에 달빛만 가득하다

釣(조): 낚시, 낚을, 낚시질 / 比(비): 견줄, 비교함 / 柴門(시문): 사립문 / 影(영): 그림자 / 待(대): 기다릴 / 滿(만): 찰, 가득, 충분할

思春(사춘)

我春思海鄉(아춘사해향)
梅香去鼻前(매향거비전)
我春思童友(아춘사동우)
容鄉來眼前(용향래안전)

봄에 생각하니

내가 봄에 고향 바다 생각하니
매화 향기 코 앞을 지나가고
내가 봄에 어린 시절 친구 생각하니
고향 얼굴 눈 앞에 오는구나

鄉(향): 시골, 고향, 지위, 방향 / 香(향): 향기, 향기롭다, 향내 / 去(거): 가다, 멀어지다 /
鼻(비): 코, 손잡이, 시초 / 眼(안): 눈, 보다

秋飛黃蝶(추비황접)

春時開苗以小葉(춘시개묘이소엽)
夏時大葉坐遊蟬(하시대엽좌유선)
秋楓葉黃蝶飛天(추풍엽황접비천)
冬過來年秋希見(동과래년추희견)

가을에 노란 나비가 날으니

봄에는 싹이 열린 작은 잎이었고
여름에는 큰 나뭇잎 되어 매미 앉아 놀더니
가을에 단풍나무잎 노란 나비로 하늘에 날으니
겨울 지나면 내년에도 보고 싶은 가을 볼 수 있겠네

蝶(접): 나비 / 苗(묘): 싹 / 以(이): ~로써, ~에서, 부터, 그리고 / 遊(유): 놀다, 여행하다, 배우다 / 蟬(선): 매미 / 楓(풍): 단풍나무 / 過(과): 지나다 / 希(희): 바라다, 기대하다, 사모하다

鄕心釣(향심조)

見前靑海鄕心釣(견전청해향심조)
古今時如爲鳲哥(고금시여위시가)
春滿氣戀童遊友(춘만기련동유우)
同古山海非雲風(동고산해비운풍)
思少時釣如昨事(사소시조여작사)
不問誰人流六十(불문수인류육십)
遠後日爲釣客鄕(원후일위조객향)
我心只今飮故鄕(아심지금음고향)

고향에서 낚시하는 마음에

푸른 바다 앞에 보이는 고향에서 낚시하는 마음인데
옛날처럼 같은 시간 뻐꾸기 노래하네
봄기운 가득하니 어릴 때 놀던 친구 그리워
산 바다 옛날 같은데 구름 바람은 아니구나
생각하니 어린 시절 낚시하던 때는 어제 일 같은데
누구에게 묻지 않아도 육십 년 흘렀구나
먼 훗날 낚시하려 고향 찾는 나그네도
지금 나의 마음 같이 고향의 봄을 마시겠네

釣(조): 낚시, 낚다, 구하다 / 鳲(시): 뻐꾸기 / 誰(수): 누구, 어떤 사람, 묻다, 옛날 / 飮(음): 마시다, 잔치, 붓다

雀花(작화)

見飛雀美如錦翼(견비작미여금익)
吾果與友果吾分(오과여우과오분)
花果來抱容如君(화과래포용여군)
誰見春滿花意見(수견춘만화의견)

참새는 꽃에 날고

날으는 참새 보니 날개 비단처럼 아름답고
나의 꽃씨는 친구에게 친구 꽃씨 나에게 나누어 주네
꽃씨 안고 오는 얼굴은 님 같으니
누가 보아도 봄 꽃 가득한 뜻 보이네

雀(작): 참새 / 錦(금): 비단 / 與(여): 주다, 베풀다 / 抱(포): 안다, 품다, 던지다 / 誰(수): 누구, 어떤 사람 / 滿(만): 가득하다, 풍족하다

老二松(노이송)

千年無言松(천년무언송)
遠不有又談(원불유우담)
思然立近風(사연립근풍)
鶴雲見松潭(학운견송담)

오랜 세월 두 소나무가

천년을 함께 노송은 말이 없고
멀리 있지 아니하면서 또한 나누는 말 없네
생각하니 바람도 가까이 서 있었건만
연못이 소나무를 보았듯이 학은 흐르는 구름만 보고 있었네

遠(원): 멀리, 심오할, 깊을 / 談(담): 말씀, 이야기 / 近(근): 가까울 / 潭(담): 연못, 깊을, 물가

思忠武公(사충무공)

氣瑞氣來仙鶴坊(기서기래선학방)
救國忠武公名芳(구국충무공명방)
不變千古爲護國(불변천고위호국)
忠節知人充集場(충절지인충집장)
只思其時壬辰亂(지사기시임진란)
衆倭包首鶴翼中(중왜포수학익중)
切雲大刀統海軍(절운대도통해군)
後銘玉浦大捷光(후명옥포대첩광)

충무공을 생각하며

상서로운 기운 일어나는 고을 신선이 학을 타고 오니
나라 구한 충무공 그 이름 꽃다워라
예나 지금 나라 보호함은 변함 없으니
여기 모인 많은 사람 그 충절 알고 있네
지금 생각하니 그때는 임진란이니
학의 날개 가운데 머리에서 왜의 무리 에워싸고
긴 칼로 구름 가르며 바다 군사 지휘하였으니
후세에도 되새기는 빛나는 옥포대첩이로다

瑞(서): 상서로울 / 坊(방): 고을, 마을 / 芳(방): 꽃답다, 향기롭다, 명성이 높다 / 包(포): 에워쌀, 둘러쌀 / 銘(명): 새기다, 명심하다

天弓(천궁)

視天擧首多舞鶴(시천거수다무학)
見仙近回碁老松(견선근회기노송)
相鴛鴦以低微笑(상원앙이저미소)
如北斗橋天弓聲(여북두교천궁성)

무지개

머리 들어 하늘 보니 춤추는 많은 학의 무리
신선이 가까이 돌아 보니 노송이 바둑 둔다
원앙은 서로 낮고 가느다란 웃음하여
북두칠성에 영롱한 음성으로 무지개다리 놓네

天弓(천궁): 무지개 / 擧(거): 들다, 일어킬, 행할, 받들 / 碁(기): 바둑돌, 바둑을 두다 / 橋(교): 다리

山書(산서)

無算多書山(무산다서산)
爲友日月讀(위우일월독)
憂去多時焉(우거다시언)
然不眼心讀(연불안심독)

책이 쌓여 있는 산

셀 수 없이 많은 책 쌓인 산
해와 달 벗삼아 읽으려해도
너무 많은 세월 흐르지 않으리오
차라리 눈으로 읽지 않고 마음으로 읽으리

算(산): 셈할 / 焉(언): 어찌, 어조사 / 眼(안): 눈

思魚母(사어모)

見知海水中(견지해수중)
小魚遊無思(소어유무사)
鷗見饌意下(구견찬의하)
適時沈母思(적시침모사)
天無思飛汝(천무사비여)
鷗不知魚思(구부지어사)

작은 고기는 어미 생각하네

바닷물 중간쯤이라 보고
사심없이 노니는 작은 고기
갈매기 고기 보고 밥인양 내려가니
때 맞추어 그 고기 어미 생각에 깊은 물 속으로 가니
그대 갈매기 생각 없이 하늘로 날아가는 것은
갈매기는 고기 생각 알지 못했음이구나

遊(유): 놀, 즐길, 여행할, 사귈 / 鷗(구): 갈매기 / 饌(찬): 밥, 음식, 반찬 / 適(적): 맞을, 마땅할 / 沈(침): 잠길, 깊을, 빠질, 머물 / 汝(여): 너

微笑(미소)

鳥洗細雨容(조세세우용)
花洗微眉風(화세미미풍)
海石粧波濤(해석장파도)
春友笑後冬(춘우소후동)

미소를 머금고

새는 날며 가랑비에 얼굴을 씻고
꽃은 바람에 눈썹을 씻고
바다 돌은 파도에 단장하고
봄 친구는 겨울 뒤에서 미소를 짓네

洗(세): 씻을 / 細(세): 가늘 / 眉(미): 눈썹 / 粧(장): 단장할, 꾸밀 / 濤(도): 큰 물결

冬仙(동선)

古仙道向(고선도향)
今我心見(금아심견)
松靑水淸(송청수청)
山思如仙(산사여선)

겨울 신선

옛 신선이 향하던 길을
오늘 내 마음으로 보네
소나무 늘 푸르고 계곡물 맑으니
산에서 생각하니 신선된 마음이네

仙(선): 신선 / 如(여): 같다

山問汝(산문여)

月出山坐仙(월출산좌선)
無多山問言(무다산문언)
爲如人事夢(위여인사몽)
答一笑碧山(답일소벽산)

산이 그대에 물어

월출산 신선 곁에 앉으니
그 산 말없이 많은 것 물어
인간의 모든 일 한 낱 꿈과 같다 답하니
오직 하나의 답이라 그 산은 푸른 미소 짓네

汝(여): 너 / 答(답): 대답할, 갚을 / 碧(벽): 푸를, 푸른 옥

登鏡湖亭(등경호정)

見登鏡湖亭江邊(견등경호정강변)
釣行無比仙逸品(조행무비선일품)
魚態全思釣無有(어태전사조무유)
流世集不浮示心(유세집부부시심)

경호정에 올라

경호정에 올라 강변을 보니
고기 잡는 신선 태도 일품이구나
낚시하는 모양 전혀 고기 잡을 생각 없고
흘러가는 덧없는 세월 마음으로 보며 건지네

邊(변): 변두리, 근처, 물가 / 釣(조): 낚시, 낚을 / 比(비): 비교할, 견줄 / 逸(일): 뛰어날, 편안할 / 浮(부): 덧없을, 뜰

兎峯(토봉)

玉水秋流(옥수추류)
楓林成山(풍림성산)
智異兎峰(지리토봉)
悠遠無言(유원무언)

토끼봉을 향하는데

옥 같은 계곡물 가을 속에 흐르고
단풍은 온 산 숲 이루는 도다
지리산에 토끼 봉우리 있다는 데
아득히 멀기만 하고 그가 어디쯤 있는지 말 없구나

兎(토): 토끼 / 楓(풍): 단풍나무 / 悠(유): 멀다, 아득할

旅情(여정)

楓林見花天(풍림견화천)
友梅如丹容(우매여단용)
首上白雲天(수상백운천)
雲無形如淨(운무형여정)

나그네의 마음

단풍은 숲 이루고 꽃은 하늘을 바라보고
친구 얼굴은 엷게 붉은 매화 같도다
머리 들어 하늘 보니 하얀 구름 가는데
구름은 어떤 모양 없이 그저 깨끗하기만 하구나

旅(려): 나그네, 여행할, 함께 / 丹(단): 붉을, 정성스러울 / 淨(정): 깨끗할, 깨끗하게 할

春閑(춘한)

奔中有閑(분중유한)
多中有餘(다중유여)
汝吾事焉(여오사언)
如餘日春(여여일춘)
有笑雪梅(유소설매)
等情相言(등정상언)

봄날의 한가로움

바쁜 가운데 한가로움이 있고
많은 일 중에도 여유 있음은
어찌 그대와 나의 일이 아닌가
봄날의 한가로움이어라
눈 속 매화 웃음 있듯이
우리 모두 정다운 말 주고 받으리

閑(한): 한가할 한 / 奔(분): 분주할, 달릴 / 餘(여): 남을, 나머지, 다른 / 焉(언): 어찌

四季(사계)

春思自然意(춘사자연의)
夏望楓葉秋(하망풍엽추)
秋後白雪思(추후백설사)
春夏秋冬有(춘하추동유)

사계절이 있기에

봄에 자연의 뜻을 생각하고
여름에 낙엽있는 가을 바라보고
가을 뒤에는 흰 눈을 생각함은
사계절이 있음이네

望(망): 바라볼, 기대함, 보름 / 楓(풍): 단풍나무 / 葉(엽): 잎

味酒(미주)

飮酒松近(음주송근)
遠思故鄕(원사고향)
其時思情(기시사정)
戀心多容(연심다용)

술잔 드니

노송 곁에서 술 잔 드니
아득하게 먼 고향 생각
그 때 고향의 정도 생각하고
많은 고향 사람 얼굴 마음으로 그리워라

味(미): 맛, 맛볼 / 飮(음): 마실 / 遠(원): 먼, 멀리할, 깊을 / 戀(련): 사모할, 그리워 함

思鄉(사향)

高天明月(고천명월)
青海水聲(청해수성)
上首光月(상수광월)
下首海光(하수해광)
越山有山(월산유산)
我思故鄉(아사고향)
松林遊鶴(송림유학)
戀汝心中(연여심중)

고향 생각에

높은 하늘에 밝은 달이요
푸른 바다에 맑은 물 소리로다
고개 드니 밝은 달
고개 숙이니 바다 환하도다
산 넘고 너머 있는 산
나는 고향 그리워 하네
소나무 숲 속 학이 놀고
내 마음 깊이 님 사모하네

越(월): 넘을, 건널, 뛰어날 / 遊(유): 놀다 / 戀(련): 사모할

知心(지심)

鴈知思鸚心(안지사앵심)
松知思竹心(송지사죽심)
風知思霜心(풍지사상심)
秋知思冬心(추지사동심)

자연은 서로 마음 아네

기러기는 앵무새 마음 알고
소나무는 대 마음 알고
바람은 서리 마음 알고
가을은 겨울 마음을 아는구나

鴈(안): 기러기 / 鸚(앵): 앵무새 / 霜(상): 서리

我味不(아미불)

思不我女(사불아녀)
汝今如想(여금여상)
永遠不會(영원불회)
吾汝悔同(오여회동)

나의 뜻 아니었네

깊이 생각하니 여인은 나의 마음 아니었네
그대 지금 생각하는 것 처럼도 아니고
영원히 모두운 마음 또한 아니니
그대와 나 살아가노라면 뉘우치는 마음은 있으리

汝(여): 너, 그대 / 吾(오): 나 / 悔(회): 뉘우칠

秋已(추이)

秋開近已來(추개근이래)
誰不覺人間(수불각인간)
今內春在君(금내춘재군)
春秋非思判(춘추비사판)

가을은 이미 왔는데

가을 열려 이미 가까이 왔는데
그 누구도 깨닫지 못하네
지금도 봄 속에 있는 그대는
봄과 가을 왜 구분하지 못하오

已(이): 이미, 벌써, 너무, 매우 / 誰(수): 누구 / 覺(각): 깨달을, 드러날, 깨우칠 / 非(비): 아닐, 나무랄, 꾸짖을

登 神仙臺(등신선대)

碁岩心神仙(기암심신선)
士讀閉三層(사독폐삼층)
靑海水岩打(청해수암타)
雲遠空逢回(운원공봉회)
靑藍合一岩(청람합일암)
負自背老松(부자배노송)
小岩山臥傾(소암산와경)
百日遊雲會(백일유운회)

신선대에 오르니

신선이 마음으로 바둑 두던 바위
선비가 읽은 책 밀쳐 세 겹으로 되었네
푸른 바닷물 바위에 부딪혀
먼 구름에 닿을 듯 공중에서 다시 만난다
청색 남빛 어우러져 하나 된 바위는
스스로 등 뒤에 노송을 지고 있고
작은 바위산 비스듬히 누워
백일을 놀자고 구름 모이게 하는구나

碁(기): 바둑 / 閉(폐): 마칠, 닫다, 종결 / 層(층): 층계, 겹 / 藍(람): 남빛, 쪽빛 / 負(부): 짐질, 등짐질 / 傾(경): 기울어질, 비스듬히

龍山老松(용산노송)

東老松枝地秋風(동로송지지추풍)
老松下坐鶴古談(노송하좌학고담)
不遠鵲鴉飛又坐(불원작아비우좌)
雲中友遊白黑珠(운중우유백흑주)
老松長枝摩相以(노송장지마상이)
二鶴古談如鸚鵡(이학고담여앵무)
少古來仁者近松(소고래인자근송)
老松不授笑勸酒(노송부수소권주)

용산에서 노송 보고

동쪽에 서 있는 노송에 가을바람 부니
긴 가지 땅에 닿을 듯하고
노송 아래 앉은 학은 옛 이야기 나눈다
멀지 않은 나무 가지에 까치 까마귀 날다 또 앉으니
구름 속에 희고 검은 구슬이 친구 되어 노네
노송은 긴 가지 서로 문지르며
두 마리 학 옛 이야기를 앵무새처럼 따라 한다
옛날 어진 자 어릴 때 이 소나무 곁에 왔겠지만
노송에게 웃으며 한 잔 술 권한 이 없었으리

鵲(작): 까치 / 鴉(아): 까마귀 / 鸚(앵): 앵무새 / 鵡(무): 앵무새 / 勸(권): 권할

鴛鴦遊親(원앙유친)

小池遊鴛鴦(소지유원앙)
足泳如魚圓(족영여어원)
身不濕上枝(신불습상지)
脣接相古言(순접상고언)

원앙이 사이 좋아 노닐고

작은 연못에 원앙이 노니는 데
발로 헤엄치며 둥글게 노는 모양 고기 같구나
몸은 나무 가지 위에 있을 때 처럼 물에 젖지 않고
입술을 맞대어 서로 옛 이야기 하네

池(지): 연못 / 鴛(원): 원앙새(수컷) / 鴦(앙): 원앙새(암컷) / 濕(습): 젖을, 축축할 / 脣(순): 입술 / 接(접): 접할, 잡을

葉飛(엽비)

濯龍沼谷(탁용소곡)
見天起風(견천기풍)
秋葉飛動(추엽비동)
主秋蜻蛉(주추청령)

낙엽 날으는 모습이

용이 내려와 목욕한 돌 연못 계곡에
가을바람 일어 하늘 보니
가을 낙엽 날으는 모습이
잠자리 모양인 듯 가을 주인이구나

濯(탁): 씻을 / 沼(소): 늪, 못 / 蜻(청): 잠자리 / 蛉(령): 잠자리

鶴書雪(학서설)

雲集作紙(운집작지)
雪積作紙(설적작지)
翼足書指(익족서지)
草雪降止(초설강지)

학이 눈에 글을 쓰네

구름 모아 종이 만들고
눈 쌓아 종이 만들고
날개와 발로 쓴 글 손으로 쓴 것 같이
내리는 눈을 멈추어 초서를 써 놓았네

集(집): 모을 / 積(적): 쌓을 / 翼(익): 날개 / 草(초): 초서, 풀 / 遊(유): 놀, 즐길, 떠돌
*학이 흰 눈 위로 스치며 앉을 때의 모습을 표현한 시

弄月亭(농월정)

亭思古詩仙(정사고시선)
詩仙非有近(시선비유근)
淸溪近孤松(청계근고송)
古今書知見(고금서지견)

농월정

농월정 정자에 올라 옛 시선 생각하니
시선은 이미 멀리 있네
맑은 계곡 옆 외로운 노송은
예나 지금도 글 손님을 알아보고 있구나

溪(계): 시내, 계곡 / 孤(고): 외로울

故山(고산)

三山如古(삼산여고)
靑松如然(청송여연)
我故鄕來(아고향래)
少道海山(소도해산)

고향산에 오니

높이 같은 세 산 옛날 같구나
푸른 소나무들 늘 그러하고
내 고향에 와서 보니
어릴 때 다니던 그 바다와 산이로다

三山(삼산): 산달섬의 산 높이가 비슷한 세 개의 고향산 / 然(연): 그러할

雪臥(설와)

天送白雪臥松枝(천송백설와송지)
飛天空如鶴翼長(비천공여학익장)
仙白衣鶴雪吟詩(선백의학설음시)
雪中仙鶴不見衆(설중선학불견중)

눈이 누워 있네

하늘에서 보내 온 하얀 눈이 소나무 가지에 누웠으니
높은 하늘 날으는 학의 긴 날개 같구나
흰 옷 입은 신선 눈과 학 함께 시를 읊는 데도
눈 가운데 신선과 학을 아무도 보지 못하는구나

臥(와): 누울, 엎드릴 / 枝(지): 가지 / 吟(음): 읊을 / 衆(중): 무리, 많은 사람

東溪(동계)

流溪水長木首潛(류계수장목수잠)
木腰圓曲葛回上(목요원곡갈회상)
溪水同形聲異古(계수동형성이고)
鳥木上映溪笑相(조목상영계소상)

문동 계곡

흐르는 계곡물에 긴 나무는 머리 담그고
휘감아 오른 칡넝쿨은 나무 허리 굽혔네
흐르는 계곡물 모습 항상 같으나 그 소리 옛날 같지 않고
새는 나무 위에 앉아 물에 비치는 모습 보고 서로 미소 짓네

潛(잠): 잠길, 감출 / 腰(요): 허리 / 葛(갈): 칡 / 映(영): 비칠

松思(송사)

松三有地(송삼유지)
遊鶴月枝(유학월지)
言相苦樂(언상고락)
白雲松猜(백운송시)

소나무 아래서 생각하니

세 그루 노송은 땅에 서 있으니
달 밝은 밤 솔가지에 학이 놀았으리
괴롭고 즐거운 말 주고받는 모습을
흘러가는 흰 구름도 말 시샘 하였겠네

猜(시): 시기할, 시샘할

思義(사의)

思言行義(사언행의)
首淸足直(수청족직)
手正手政(수정수정)
本以仁德(본이인덕)

생각을 올바르게

생각하고 말하고 행하는 바는 옳게 하고
머리는 맑게 발은 곧게 하며
손을 바르게 하고 자기 스스로 손을 다스림은
그 근본 어질고 큰 덕에 있구나

手(수): 손 / 以(이): 써, 사용할, 부터, 원인
* 思言行義(사언행의): 玉山 신철수의 좌우명으로 지은 글

月夜(월야)

鷄龍山頂見滿月 (계룡산정견만월)
明月如意珠龍雲 (명월여의주룡운)
君詩心月容微笑 (군시심월용미소)
林一見夜微風山 (임일견야미풍산)

밤에 정월 대보름 달 보니

계룡산 정상 보름달 보니
달의 여의주 모양 구름은 용의 모습이네
군자가 마음으로 시 쓰니 달의 얼굴에 미소 짓고
숲은 밤이라 하나로 보이고 산에는 잔잔한 바람뿐이로다

頂(정): 정상, 꼭대기, 머리 / 微(미): 작을, 미미할, 어렴풋한

少仙酒(소선주)

仁人獨酒百歲酒(인인독주백세주)
思思友古童故朋(사사우고동고붕)
無衣泳海今然常(무의영해금연상)
少友笑我如思想(소우소아여사상)

어린 신선 술잔 들고

어진 자 홀로 백세주를 마시며
생각하고 생각하니 옛 친구와 그의 벗이 생각나네
옷 벗고 헤엄치던 바다는 항상 지금도 같으리니
어릴 때 친구는 미소 지으며 나와 같은 생각할까

童(동): 아이 / 常(상): 항상, 늘

蛇梁島(사량도)

祖生故鄕(조생고향)
父生山海(부생산해)
上下海島(상하해도)
酒缸形海(주항형해)
父子同行(부자동행)
父言古事(부언고사)
過路同古(과로동고)
思前三回(사전삼회)

사량도에 오니

할아버지 태어나신 고향
아버지 태어나신 산과 바다 있는 곳
위 아래 바다와 섬
바다 모양 항아리 같구나
아버지와 함께 아들이 아버지 고향 가던 날
아버지의 옛이야기를 듣고 있었네
옛날 그 고갯길 함께 지나던 일이
지금 돌아보고 생각하니 꼭 삼 일 전에 일 같구나

缸(항): 항아리 / 過(과): 지날, 건널, 지낼

一心字(일심자)

小溪一松竹(소계일송죽)
衆鳥歌言無(중조가언무)
溪竹葉一字(계죽엽일자)
飛鳥形心水(비조형심수)

일심이라는 글자가 물에 있네

작은 시냇가 한 그루 소나무와 대나무
무리 지어 노니는 새는 말 없이 노래한다
맑은 물에 대나무잎 비치니 한 일자 같고
공중에 날으는 새 물에 비친 모양 마음 심자 같도다

衆(중): 무리 / 歌(가): 노래 / 飛(비): 날으는

茶思草牛 (다사초우)

一茶忽思童牛草 (일다홀사동우초)
先母牛後少見頻 (선모우후소견빈)
少望遠山細路回 (소망원산세로회)
少草母同情感見 (소초모동정감견)

차 마시며 어릴 때 소 풀 먹이던 생각에

한 잔의 차를 마시니 문득
어릴 때 소 풀 먹이던 생각 나네
어미 소는 앞에 가고 어린 소 뒤에 가는 데
어미 소 자주 뒤를 돌아 본다.
송아지는 먼 산을 보다가
작은 길로 돌아오고
송아지 풀 먹고 자라서 어미소 되면
모정의 뜻을 느끼는 것을 보리라

忽(홀): 문득 / 頻(빈): 자주 / 遠(원): 멀다, 먼 곳 / 感(감): 느낄, 감동할, 고맙게 여길

鷗求(구구)

夫婦同漁網(부부동어망)
獨飛思好驅(독비사호구)
岩坐有友呼(암좌유우호)
漁夫作食求(어부작식구)

갈매기가 고기를 구하네

부부가 함께 고기잡이 하는 데
홀로 날던 갈매기 좋은 생각하여
바위에 앉아 있는 친구를 불러
어부들 고기 잡은 뒤 먹을 것을 구하자 하는구나

漁(어): 고기잡을 / 驅(구): 갈매기

月夜見城(월야견성)

夜見千年城(야견천년성)
城映明月閑(성영명월한)
大石上小間(대석상소간)
無小石城焉(무소석성언)

달 밤에 성을 보니

천년 지난 성을 달밤에 보니
밝은 달은 한가로이 성벽을 비춘다
큰 돌은 위에 작은 돌은 사이사이
작은 돌 없었으면 어찌 성을 쌓았으리

映(영): 비칠, 비출 / 閑(한): 한가할 / 焉(언): 어찌

蛙春夢(와춘몽)

葉上滴遊(엽상적유)
握手瞬友(악수순우)
石蛙首流(석와수류)
蚪春夢盱(두춘몽우)

개구리의 봄꿈

나뭇잎 위에서 놀던 물방울
친구와 악수하는 순간
바위에 앉은 개구리 머리에 흘러
올챙이 때의 봄 꿈 깨우니 깜짝 놀라 눈을 뜨네

蛙(와): 개구리 / 滴(적): 물방울, 물방울 떨어질 / 瞬(순): 눈 깜짝할 / 握(악): 잡을, 쥘 /
蚪(두): 올챙이 / 盱(우): 눈 부릅뜰, 쳐다볼

少來草家(소래초가)

少得小金母(소득소금모)
小買果道家(소매과도가)
細路促草家(세로촉초가)
小手果道落(소수과도락)
狗食順無水(구식순무수)
童笑後見去(동소후견거)
丈笑狗見詰(장소구견힐)
誰食買不樂(수식매부락)

어린 아이 초가집으로 오는데

어린 아이 어머니에게서 적은 돈 얻었네
어린 아이 길가 집에서 과일을 사고
골목길로 바쁜 걸음 초가집에 오는 데
손이 너무 작아 과일을 길에 떨어뜨렸구나
뒤에 오는 개는 물도 없이 주워 먹어서
어린 아이 가면서 뒤를 보고 웃네
어른은 웃으면서 개를 보고 꾸짖는데
누가 먹을려고 샀는지 생각하니 즐겁지 않구나

促(촉): 재촉할 / 狗(구): 개, 강아지 / 丈(장): 어른 / 詰(힐): 꾸짖을 / 誰(수): 누구

棋仙(기선)

神仙二人棋(신선이인기)
無心始終有(무심시종유)
棋板見忍書(기판견인서)
近鶴無忍遊(근학무인유)

신선이 바둑 두고

두 신선이 바둑을 두는 데
처음부터 끝까지 사심 없이
바둑판 보니 참을 인 글자만 써 놓았네
옆에 있던 학 참지 못하고 놀러 가네

棋(기): 바둑 / 棋板(기판): 바둑판

仁笑(인소)

山首雲形(산수운형)
萬禽獸雲(만금수운)
花又裏同(화우리동)
跣仁笑見(선인소견)

어진 자의 미소

산 위의 구름 모양은
그 구름 만 가지 동물 같도다
꽃 또한 그 속에 함께 있으니
어진 자 맨발로 보고 미소 짓는구나

禽(금): 날짐승 / 獸(수): 기는 짐승 / 裏(리): 속에, 안 / 跣(선): 맨발

水龜(수구)

山中家見山(산중가견산)
古友思思戀(고우사사련)
池有龜心信(지유구심신)
池前寺遊鯉(지전사유리)
上樹笑多鵲(상수소다작)
讀書答士人(독서답사인)

물에 거북이가

산중 집에서 산을 보니
옛 친구 너무나 그리워라
연못 속 거북이 있다 마음으로 믿으니
절 앞 연못에 잉어 노닐고
나무 위 많은 까치들 웃으며
글 읽는 선비 그대 옳은 답이라 하네

鯉(리): 잉어 / 鵲(작): 까치

前粸家(전기가)

米合水粸作(미합수기작)
五色以粸元(오색이기원)
香氣客心跓(향기객심주)
丈少人全見(장소인전견)
無別丈少食(무별장소식)
丈思母有家(장사모유가)
少思弟餘受(소사제여수)
食笑或鼻汗(식소혹비한)

떡집 앞에서

쌀과 물을 합하여 떡을 만드는 데
오색으로 만든 떡이 으뜸이라
떡 향기가 손님 마음과 발걸음 멈추니
어른과 아이 모두가 보네
먹고 싶은 마음 어른 아이 구별 없고
어른은 집에 있는 어머님 생각하고
어린 아이는 동생 생각에 남은 떡을 받아 가네
먹으면서 미소 짓고 어떤 이는 코에 땀도 흘리구나

粸(기): 떡 / 跓(주): 발길 머무를 / 丈(장): 어른 / 餘(여): 남을, 나머지 / 鼻(비): 코 / 汗(한): 땀

我詩有(아시유)

玉龍授詩心(옥룡수시심)
書詩如絲蠶(서시여사잠)
全草花木實(전초화목실)
玉女組衣心(옥녀조의심)

나의 시가 있음은

구슬 가진 용이 시의 마음 주니
누에가 실을 뽑는 것 같이 시를 쓰네
풀·꽃·나무·열매 모두를 보고
고운 여인이 마음으로 옷을 짜는 듯 하네

授(수): 주다 / 絲(사): 실 / 蠶(잠): 누에 / 組(조): 짜다, 구성할

鶴洞松下(학동송하)

松下見海(송하견해)
有霧上水(유무상수)
松枝鶴翼(송지학익)
知我心誰(지아심수)
有空明月(유공명월)
白波海有(백파해유)
戀女流淚(연여류루)
不小海水(불소해수)

학동 소나무 아래서

노송 아래에서 바다를 보니
물 위에는 안개 있네
솔가지 학의 날개 같으나
누가 내 깊은 마음 알리
하늘에는 밝은 달이고
하얀 물결은 바다에 있어
여인 사모하여 흘린 눈물이
바닷물보다 적지 않았네

霧(무): 안개 / 翼(익): 날개 / 誰(수): 누구, 누가 / 淚(루): 흘릴. 흐를

月授扇(월수선)

三更作糕(삼경작기)
明月笑見(명월소견)
流汗書詩(류한서시)
月我授扇(월아수선)

달이 부채를 주고

삼경에 떡을 만드니
밝은 달이 보고 웃네
땀 흘리며 한시를 쓰니
달이 나에게 부채를 주는구나

扇(선): 부채 / 三更(삼경): 밤11시~1시사이 / 糕(기): 떡 / 汗(한): 땀

無言降雨(무언강우)

春夏秋冬無聲雨(춘하추동무성우)
有聲無聲如不變(유성무성여불변)
草屋開門如常來(초옥개문여상래)
我心白雲隨戀人(아심백운수련인)

말 없이 비는 내리고

봄 여름 가을 겨울 소리 없이 비는 내리는데
소리 있고 없음은 한결 같구나
초가 대문 열고 보니 다음 날에도 같으리니
내 마음은 사모하는 이 따라 흰 구름 속에 있네

屋(옥): 집 / 常(상): 항상, 늘 / 隨(수): 따를 / 戀(련): 사모할

見鷄卵(견계란)

爲母小鷄卵(위모소계란)
接手春溫氣(접수춘온기)
黃鷄産其卵(황계산기란)
坐白玉草裏(좌백옥초리)

달걀을 보니

작은 닭이 어미 되어 알 낳으니
손으로 만져 보니 봄 기운처럼 따뜻하네
누런 닭이 낳은 그 알
풀 속에 하얀 구슬로 앉아 있네

爲(위): 될 / 接(접): 접촉할, 다가갈 / 溫(온): 따뜻할 / 其(기): 그것 / 裏(리): 속, 안, 깊숙한 곳

秋山紅錦(추산홍금)

草綠遊野(초록유야)
其時夏山(기시하산)
秋山抱楓(추산포풍)
溪水風見(계수풍견)
後夏草錦(후하초금)
秋自錦見(추자금견)
誰刺繡錦(수자수금)
仙女繡天(선녀수천)

가을 산에 붉은 비단

푸른 풀은 들에서 놀고
그때는 여름 산이었네
가을 산은 단풍을 품고 있고
계곡물이 단풍을 보고 있네
여름의 초록 비단 후에
가을은 자신의 비단 옷을 보네
그 누가 비단으로 수를 놓았는가
선녀가 하늘에서 가을 산에 수를 놓았구나

錦(금): 비단, 비단옷 / 抱(포): 안을, 품을 / 誰(수): 누구 / 繡(수): 수놓을

梅花山(매화산)

春日海印寺登山(춘일해인사등산)
山袖裳點點紅紅(산수상점점홍홍)
山崖步善男女言(산애보선남녀언)
古名南山第一峯(고명남산제일봉)

매화가 있는 산

봄날에 해인사 등산 오니
산의 소매와 치마는 붉은 수많은 점이로다
산 언덕을 걷는 선남선녀 주고받는 말이
옛 부터 남쪽 산에서 제일 아름다운 봉우리라 하는 구나

袖(수): 소매 / 裳(상): 치마 / 崖(애): 언덕, 벼랑 / 步(보): 걸을 / 峯(봉): 산봉우리

: II

思夏蘭
사하란

여름·난초 생각에

蟬歌(선가)

花春去江上(화춘거강상)
日夏暑與氣(일하서여기)
落花靑靑葉(낙화청청엽)
木枝來蟬捉(목지래선착)
見過年親友(견과년친우)
今夏又約見(금하우약견)
不休蟬聲歌(불휴선성가)
不必別心約(불필별심약)

매미의 노래는

꽃 있는 봄은 강 위로 가고
여름 날 더운 기운 주네
꽃 지니 나뭇잎 푸르고 푸른 데
매미 와서 나뭇가지 잡는다
지난 해 만난 친한 벗인가
올 여름 또 만나자 약속하였네
쉬지 않는 매미 노래 소리
헤어지지 말자는 마음 약속인 듯 하구나

暑(서): 덥다, 더위 / 蟬(선): 매미 / 捉(착): 잡다, 붙잡다 / 別(별): 헤어지다, 이별하다 /
約(약): 약속하다, 합치다

童鄕場遊(동향장유)

新元去心鄕(신원거심향)
先遊童思鳶(선유동사연)
山海如古今(산해여고금)
鄕場遊珠圓(향장유주원)

어릴 때 고향 마당에서 놀았네

설날에 고향 가는 마음은
먼저 어릴 때 연 날리며 놀던 생각도 하고
산과 바다 예나 지금 그대로
고향 마당에서 둥근 구슬 놀이 하였지

新元(신원): 설날 / 鳶(연): 연, 공중에 날리는 연 / 場(장): 마당, 뜰, 정원, 광장, 시장

蘆田(노전)

山水流爲江蘆田(산수류위강로전)
鴨低蘆林友泳見(압저로림우영견)
雀遊同笑友蘆葉(작유동소우로엽)
見相一畫遊喜見(견상일화유희견)

갈대밭에는

높은 산에서 물 흘러 강가에 갈대밭 되었으니
오리는 갈대숲 아래서 친구 보며 헤엄치고
참새들은 갈대 잎에서 친구와 함께 웃으며 노는 모습
서로 얼굴 보며 기쁘게 노는 한 폭의 그림으로 보이네

蘆(로): 갈대 / 爲(위): 하다, 만들다, 되다, 이루다 / 鴨(압): 집오리, 오리 / 低(저): 낮다, 머무르다 / 雀(작): 참새 / 遊(유): 놀다, 여행하다, 배우다 / 喜(희): 기쁘다, 즐겁다, 좋아하다

靑松一樹(청송일수)

一木二枝如兄弟(일목이지여행제)
心上向一地根同(심상향일지근동)
見雲松枝一鶴翼(견운송지일학익)
登形曲如事人生(등형곡여사인생)

한 그루 푸른 솔

한 나무 두 가지 뻗은 모양 형제처럼
위로 향한 마음 같은 땅 한 곳에 뿌리 하였네
구름 보는 소나무 가지 모양 한 마리 학의 날개
굽어서 오른 모양 인생사와 다른 바 없어라

樹(수): 나무, 초목, 세우다, 심다 / 枝(지): 가지, 나누어지다 / 翼(익): 날개 / 向(향): 향하다, 마주하다, 구하다 / 登(등): 오르다, 밟다, 얻다 / 形(형): 모양, 도리, 이치, 생김새, 나타나다

聲夏草虫(성하초충)

裏靑草林聲夏虫(이청초림성하충)
長短高低成和音(장단고저성화음)
誰聽思友深歌聲(수청사우심가성)
夏夜戀友知我心(하야련우지아심)

여름 풀 벌레 소리는

푸른 풀 숲 속 여름 벌레 소리
길고 짧아도 높고 낮은 화음 이루네
누가 들어도 친구 생각 깊은 노래 소리
여름 밤에 친구 그리워하는 내 마음 아는구나

裏(리): 속, 내부, 곳 / 誰(수): 누구, 어떤 사람 / 聽(청): 듣다 / 深(심): 깊다, 생각이 깊다 / 戀(련): 그리워하다, 사모하다

海鄉(해향)

靑野牛草(청야우초)
我童海遊(아동해유)
泳海與友(영해여우)
小魚海遊(소어해유)

고향 바다에는

푸른 들에는 소가 풀을 먹고
나 어릴 때 놀던 바닷가에 왔네
친구들과 함께 헤엄치던 바다에는
작은 물고기도 바다에서 놀았지

野(야): 들, 벌판 / 童(동): 아이 / 與(여): 함께

秋溪思親(추계사친)

昨日不眠思仁親(작일불면사인친)
今坐秋溪思孝人(금좌추계사효인)
青松林聽音言仙(청송림청음언선)
言孝行親如溫春(언효행친여온춘)

가을날 시냇가 부모님 생각

어제는 인자하신 부모님 생각에 잠 못 이루고
오늘은 가을날 시냇가에 앉아 사람의 효를 생각하는데
푸른 소나무 숲의 신선 말소리 들으니
부모님께 봄기운 같은 따뜻한 효도의 말을 행하라 하는구나

溪(계): 시내, 산골짜기에서 흐르는 작은 물 / 昨(작): 어제, 과거 / 眠(면): 잠, 수면 / 聽(청): 듣다, 들을 / 溫(온): 따뜻한, 온화할

鷗談(구담)

鷗見士爲談(구견사위담)
士近海爲友(사근해위우)
問鷗何有憂(문구하유우)
士無言笑見(사무언소견)
波聲開耳士(파성개이사)
小島言爲友(소도언위우)
鷗高飛和雲(구고비화운)
心士不喜焉(심사불희언)

갈매기와 대화

갈매기가 선비 보고 이야기 나누자 하니
선비는 바닷가에서 친구 되었네
갈매기는 선비 보고 무슨 걱정 있냐 물으니
선비는 말 없이 미소만 짓네
파도 소리 선비 귀를 열게 하니
작은 섬도 친구 되고자 하네
높이 날으는 갈매기 구름과 어울리니
어찌 선비 마음 기쁘지 않으리

鷗(구): 갈매기 / 何(하): 무엇, 어떤, 어찌 / 憂(우): 근심, 걱정 / 島(도): 섬 / 和(화): 화목할, 조화됨

故戀(고련)

來忠武舘靜鄕思(래충무관정향사)
見他山鄕山不見(견타산향산불견)
去客不見目故鄕(거객불견목고향)
我可不見思心焉(아가불견사심언)

고향이 그리워서

충무관에 오니 고향 생각 고요히
다른 산 보이나 고향 산 보이지 않네
지나는 나그네는 나의 고향 눈 뜨고 보지 못해도
나 생각과 마음으로 보는 데 어찌 보이지 않으리

舘(관): 관청, 객사, 묵을 / 靜(정): 조용할, 고요함 / 焉(언): 어찌

春蛙畓(춘와답)

春畓聽蛙音(춘답청와음)
此聲多聽鄕(차성다청향)
三更爲讀書(삼경위독서)
不見文思鄕(불견문사향)

봄 논의 개구리는

봄 논에 개구리 소리 들으니
이 소리 고향에도 많이 들을 수 있겠지
늦은 밤 책을 읽어도
글은 보이지 않고 고향 생각 뿐 이로다

蛙(와): 개구리 / 聽(청): 들을 / 此(차): 이, 이것 / 三更(삼경): 밤 열한 시부터 한 시 사이

待季(대계)

誰人待春冬(수인대춘동)
或者待夏春(혹자대하춘)
多者待秋夏(다자대추하)
好雪待冬秋(호설대동추)
不待自季來(부대자계래)
河急心待季(하급심대계)
如思心如人(여사심여인)
走馬言流水(주마언류수)

사계절을 기다리네

어떤 사람은 겨울에 봄 기다리고
또 어떤 사람은 봄에 여름 기다리고
많은 사람은 여름에 가을 기다리고
눈을 좋아하는 사람은 가을에 겨울 기다리네
기다리지 않아도 계절은 스스로 오는데
어찌하여 마음 급하게 계절을 기다리는지
사람의 생각 마음 같으니
빨리 달리는 말과 흐르는 물이라 말하네

待(대): 기다릴, 대접할, 용서할 / 誰(수): 어떤 사람, 누구 / 或(혹): 혹시 / 何(하): 어찌, 무엇, 잠시 / 急(급): 성급함, 급할 / 走(주): 빨리 달려감, 달릴

無心(무심)

道人靜無心(도인정무심)
仁者有深情(인자유심정)

마음을 비우고

바른 길 가는 자는 마음 비워 고요하고
어진 자는 깊고 깊은 정이 있네

靜(정): 고요함, 조용할, 깨끗할 / 深(심): 깊을, 후함 / 情(정): 인정, 뜻, 자애

見月(견월)

直木枝間見月半(직목지간견월반)
小首回見必月圓(소수회견필월원)
每月回必明月圓(매월회필명월원)
日三越女戀心見(일삼월녀련심견)

달을 보니

곧은 나뭇가지 사이로 보이는 달 반쪽인 데
머리 조금 돌려 보니 둥근 달이로다
달마다 둥근 달 한번은 꼭 보는 데
그리운 임 마음으로 보는 것은 하루에 세 번을 넘네

直(직): 곧을 / 圓(원): 둥글, 동그라미, 알 / 每(매): 늘, 항상 / 越(월): 넘을, 겪음

門女(문녀)

不有思步行(불유사보행)
前門女戀古(전문녀련고)
我授不知笑(아수부지소)
秋天明月高(추천명월고)

문에 여인 있어

아무 생각 없이 걷는 데
옛 그리운 여인 문 앞에 있네
알 수 없는 웃음을 나에게 주는 데
가을 하늘에 밝은 달만 높구나

步(보): 걸을, 발걸음, 보행함 / 戀(련): 그리워할, 사모할, 그리움 / 授(수): 주다

歲見(세견)

去春秋待葉(거춘추대엽)
花急爭先開(화급쟁선개)
隨雲流靑世(수운류청세)
白髮時不來(백발시불래)

세월을 보니

봄 가고 가을 기다리는 잎과
성급한 꽃은 먼저 피고자 다투는 데
구름 따라 흐르는 푸른 세월에
흰 머리 오지 않는 지금이었으면

歲(세): 세월, 해, 일년 / 待(대): 기다릴, 대접할, 용서함 / 急(급): 성급함, 급할 / 爭(쟁):
다툴 / 隨(수): 따라감, 함께 감, 뒤따름 / 髮(발): 머리, 머리털

霜花(상화)

西方暮日(서방모일)
不知霜東(부지상동)
有陽融不(유양융불)
白花心中(백화심중)

서리꽃은

서쪽으로 해는 저무는데
동쪽 서리는 모르네
태양 있어도 녹지 않는 이유는
하얀 서리꽃은 마음 속에 있음이네

霜(상): 서리 / 方(방): 방향 / 暮(모): 해질, 저물 / 陽(양): 태양, 밝을 / 融(융): 녹을

蝶談(접담)

老松下談黃蝶二(노송하담황접이)
蝶美授受古談多(접미수수고담다)
無言此心無言有(무언차심무언유)
焉去年來年先思(언거년래년선사)

나비들의 대화

노송 아래 노란 나비 두 마리 대화하고
예쁜 나비 많은 옛 이야기 주고 받는 데
이 마음 말은 없고 말 있어도 침묵하니
어찌 지난 세월 다가올 세월 어느 것이 먼저인지 생각하지 않으리

蝶(접): 나비 / 黃(황): 누를 / 授(수): 주다, 가르침 / 此(차): 이것, 이곳 / 焉(언): 어찌, 어찌하여

登臨鏡臺(등임경대)

古江老漁容戀友(고강로어용련우)
江水無友魚遊孤(강수무우어유고)
遠疊山望臨鏡臺(원첩산망임경대)
裏霧亭待來仙古(이무정대래선고)

임경대에 오르니

옛날 강에 고기 잡는 노인 얼굴은 친구를 그리워 하였겠고
강물에는 친구 없이 외롭게 고기 놀았겠네
먼 건너편 겹친 산은 임경대를 바라보니
안개 속 정자는 옛 신선 오기를 기다리네

臨(림): 임할 / 鏡(경): 거울, 살필, 안경 / 漁(어): 고기 잡을, 고기잡는 일 / 戀(련): 그리워할 / 遊(유): 놀, 즐겁게 지낼 / 疊(첩): 겹칠, 포갤 / 裏(리): 속, 깊숙한 곳

飛蝶(비접)

逢雙遊飛蝶(봉쌍유비접)
見握手約束(견악수약속)
開春花逢節(개춘화봉절)
時夏沙海見(시하사해견)
秋日坐楓葉(추일좌풍엽)
忽笑寒冬來(홀소한동래)
黃白蝶歸家(황백접귀가)
高雲淸風見(고운청풍견)

나비는 날으며

만나서 짝을 하여 놀면서 날으는 나비는
보면서 악수하고 언약을 하는구나
봄꽃 피는 시절에 만나더니
여름에는 바닷가 모래도 보네
가을 날에는 단풍 나뭇잎에 앉아도 보고
문득 추운 겨울이 웃으며 오니
노란 나비 흰나비 집으로 오는 데
높은 구름 맑은 바람도 보고 있구나

蝶(접): 나비 / 逢(봉): 만날, 우연히 만남 / 握(악): 쥐다 / 節(절): 때, 시기, 마디 / 忽(홀): 문득, 홀연 / 歸(귀): 돌아오다

多島(다도)

春呼靜仙(춘호정선)
笑行舟身(소행주신)
去靑波海(거청파해)
思女海見(사녀해견)
上首飛鷗(상수비구)
遠我松島(원아송도)
又一島來(우일도래)
我鄕心見(아향심견)

섬은 많으니

고요한 신선을 봄이 불러
미소 지으며 몸을 배에 담아
푸른 물결 바다 위로 가
님 생각에 바다를 보네
갈매기 머리 위에 날고
소나무 있는 섬들 나에게서 멀어져도
하나의 섬이 또 오니
나의 고향을 마음으로 보고 있네

靜(정): 고요할·조용할 / 舟(주): 배, 실을 / 波(파): 물결, 파도 / 鷗(구): 갈매기 / 遠(원): 먼 곳, 멀어질

秋情(추정)

龍山深秋(용산심추)
裏秋流溪(이추유계)
小葉捉枝(소엽착지)
其葉我見(기엽아견)
老松靑常(노송청상)
葉遊友秋(엽유우추)
仙步上葉(선보상엽)
近行言眞(근행언진)

가을 정 깊어

용산 가을 깊은 데
가을 속 계곡 흐르고
작은 잎은 나뭇가지를 잡고서
그 잎은 나를 보고 있네
노송은 늘 푸르고
낙엽은 가을과 친구 되어 논다
신선은 낙엽 위를 거닐고
곁에 걷는 자 진실을 말하네

深(심): 깊을 / 捉(착): 잡을, 붙잡음 / 常(상): 항상, 늘 / 步(보): 걸을

鄕家(향가)

余生遊來故鄕家(여생유래고향가)
友與玉珠思飛鳶(우여옥주사비연)
父母住草家址無(부모주초가지무)
茂竹林如古昨心(무죽림여고작심)
思思爲必古來日(사사위필고래일)
見遠天遊多白雲(견원천유다백운)
黃牛歌戀鷄朝歌(황우가련계조가)
只不聽起波靜心(지불청기파정심)

고향 집에 오니

나 태어나 놀던 고향 집에 오니
친구와 구슬 치고 연 날리던 생각 나네
부모님과 살던 초가는 없고 터만 남아
대나무만 무성하니 어제 마음 옛날 같구나
생각하니 내일도 반드시 옛날이 될 것이니
흰 구름 많이 노는 먼 하늘만 바라보네
황소의 노래 닭의 아침 노래 그리워도
다만 들을 수 없으니 고요한 마음에 파도 일어나네

鳶(연): 연 / 址(지): 터, 터전 / 茂(무): 우거질, 무성할 / 昨(작): 어제 / 波(파): 파도, 물결

花郎矢(화랑시)

低山其深脈(저산기심맥)
君步道明有(군보도명유)
花郎矢過雲(화랑시과운)
千年過飛天(천년과비천)
山山歌多鳥(산산가다조)
花玉成調和(화옥성조화)
慶州裏深秋(경주리심추)
美常流千年(미상류천년)

화랑의 화살은

산은 낮으나 그 산맥은 깊어
군자가 걸어 갈 밝은 길 있네
화랑이 쏜 화살은 구름을 지나
천년 지난 하늘에 지금도 날으고
산에 산에 많은 새 노래하니
꽃과 옥이 조화를 이루네
깊은 가을 속 경주는
천년이 흘러도 늘 아름답구나

低(저): 낮을 / 深(심): 깊을 / 裏(리): 속, 안 / 常(상): 항상, 늘
* 경주에는 옥(玉)이 많이 난다는 표현

鷗遊(구유)

詩書前二十(시서전이십)
其巖笑我今(기암소아금)
鷗飛上首余(구비상수여)
言授受如古(언수수여고)
白波白鷗見(백파백구견)
何詩作喜心(하시작희심)
飛雙雙多鷗(비쌍쌍다구)
見遊心余孤(견유심여고)

갈매기는 놀고

이십 년 전 시 쓰던 곳에
그 바위 지금도 나를 보고 미소 짓네
갈매기 나의 머리 위 날으니
주고 받는 말 옛날 같구나
흰 파도 흰 갈매기 보니
어찌 기쁜 마음으로 시를 짓지 않으리
쌍쌍이 날으는 많은 갈매기
외로운 나의 마음 보면서 노는구나

鷗(구): 갈매기 / 其(기): 그, 그것 / 余(여): 나 / 何(하): 어찌, 왜냐하면 / 孤(고): 외로울

曲波(곡파)

遠遠來曲波(원원래곡파)
長旅何不短(장려하불단)
小形戀一心(소형련일심)
誰深談雲見(수심담운견)

굽이치는 파도는

먼 먼 곳에서 오는 굽이 치는 파도는
긴 긴 나그네 길 어찌 짧았으리
작은 모습으로 한 마음 그리움에
누구와 구름 보며 깊은 이야기 나누는가

曲(곡): 굽을, 휠 / 遠(원): 멀, 멀리서 / 波(파): 물결, 파도 / 旅(려): 나그네, 여행할 / 何(하): 어찌 / 戀(련): 그리워할 / 誰(수): 누구, 어떤 사람 / 深(심): 깊을 / 談(담): 이야기

夏日江邊(하일강변)

如鏡淸江邊(여경청강변)
遊魚言有情(유어언유정)
江裏魚隨後(강리어수후)
前去魚見聲(전거어견성)

여름 날 강가에

거울 같은 맑은 강가에
노니는 고기 정겨운 말 있고
강 속 고기 뒤에서 따라 오니
앞에 가는 고기는 소리 하며 뒤를 보는구나

邊(변): 근처, 물가 / 遊(유): 놀다, 즐겁게 지냄, 벗 / 裏(리): 속, 안쪽 / 隨(수): 따르다, 뒤따름, 함께 감

秋家酒(추가주)

好酒聽音(호주청음)
遠道步生(원도보생)
逢散如今(봉산여금)
見酒思朋(견주사붕)

가을 날 주막에서

좋은 술 마시며 음악 들으니
먼 길 걷는 인생이네
만나고 헤어짐도 오늘 같으니
술을 보니 옛 친구 생각뿐이네

聽(청): 듣다 / 遠(원): 멀다 / 步(보): 걸음, 발걸음 / 逢(봉): 만나다 / 散(산): 흩어질, 헤어지다 / 朋(붕): 벗, 친구

村路(촌로)

春實綠播(춘실록파)
近人耕畓(근인경답)
多人耕田(다인경전)
過風竹見(과풍죽견)
淸音歌風(청음가풍)
無人高歌(무인고가)
神仙遊林(신선유림)
竹林讀近(죽림독근)

시골길 걸어가니

열매를 얻기 위해 봄에 초록을 파종하는데
가까이서 사람은 논 갈고
많은 사람 밭 갈고 있으니
바람도 지나가며 대나무를 보네
맑은 소리는 바람의 노래고
사람 없어도 높은 노래 들리는데
신선은 숲에서 놀기도 하고
가까운 대숲에서 책도 읽는구나

播(파): 뿌릴, 씨앗을 뿌림 / 耕(경): 논밭을 갈다 / 過(과): 지날, 지나칠 / 遊(유): 놀다, 즐겁게 지냄

鷗波(구파)

鷗與白雲遊友天(구여백운유우천)
魚笑靑波談和和(어소청파담화화)
白波靑波競競聲(백파청파경경성)
心裏人間如多花(심리인간여다화)

갈매기와 파도는

갈매기는 하늘에서 흰 구름과 벗하여 놀고
고기는 푸른 파도와 웃으며 이야기하니 조화롭네
흰 파도 푸른 파도 서로 다투어 소리 하니
인간 마음 속 많은 꽃 같구나

與(여): 더불어, 함께 / 談(담): 이야기 / 競(경): 다툼, 경쟁할, 나아갈 / 裏(리): 속, 가슴 속, 깊숙한 곳

春花落(춘화락)

春花葉靜坐膝落(춘화엽정좌슬락)
手傾小盞天遠見(수경소잔천원견)
對坐開耳千年談(대좌개이천년담)
花葉自解笑仙言(화엽자해소선언)

봄 꽃잎 지는데

봄 꽃잎 떨어져 조용히 무릎에 앉으니
손에 작은 잔 기울이고 먼 하늘 보네
마주 앉아 천 년 전 이야기에 귀 기울이니
꽃잎은 신선의 말을 웃으며 스스로 깨닫는 구나

落(락): 떨어질 / 膝(슬): 무릎 / 傾(경): 기울일 / 對(대): 마주 볼 / 解(해): 깨달을, 이해할

畵扇(화선)

裏雪花開花此容(이설화개화차용)
待溫氣長長歲月(대온기장장세월)
誰知何多淚流人(수지하다루류인)
寒白雪必此感溫(한백설필차감온)
淸風霜霧飛上花(청풍상무비상화)
野花無言知步士(야화무언지보사)
直草葉如士靜心(직초엽여사정심)
來夏必擧士畵扇(내하필거사화선)

부채에 그림 있어

눈 꽃 속 피는 이 꽃 얼굴에
따뜻한 기운 기다림은 긴긴 세월이었네
많은 눈물 흘린 이를 어찌 누가 알리
흰 눈 차가워도 이것은 반드시 따뜻함 느끼네
맑은 바람 서리 안개 꽃 위로 날으니
들꽃은 말없이 걸어가는 선비 알아 보네
곧은 풀잎은 선비의 고요한 마음 같으니
여름에 반드시 그림 부채 들고 오겠구나

待(대): 기다릴 / 淚(루): 눈물 / 感(감): 느낄 / 擧(거): 손에 쥠, 들어올림

處宴(처연)

聽鳥聲來宴家步(청조성래연가보)
見前生現世明容(견전생현세명용)
誰人不知來仙人(수인부지래선인)
主人苧衣此知仙(주인저의차지선)
授仙酒饌青紅鮮(수선주찬청홍선)
近坐客不見自饌(근좌객불견자찬)
高聲歌見雙黃鳥(고성가견쌍황조)
勸酒盞飲前千年(권주잔음전천년)

잔치에 들러서

새소리 들으며 잔치 집에 걸어오니
전생 현세에서 본 밝은 얼굴
그 아무도 신선 온 줄 모르는 데
모시 옷 입은 주인만 이 신선 알아 보네
신선에게 주는 술 음식 청홍색 좋은 데
옆에 앉은 나그네 자기 음식 보지 않고
소리 높여 노래하는 한 쌍의 노란 새만 보아
술잔 권하니 천 년 전에 마셨다 하는구나

處(처): 장소, 머무를 / 宴(연): 잔치 / 苧(저): 모시 / 饌(찬): 음식 / 鮮(선): 좋을, 고울

思鄉(사향)

飛見腹鷗(비견복구)
思母飛南(사모비남)
思鄉友淚(사향우루)
見何海藍(견하해람)

고향 생각에

배를 보이며 날으는 갈매기
어미 생각에 남쪽으로 날으고
고향 친구 생각에 눈물 흐르는 데
언제 보려나 남빛 고향 바다를

腹(복): 배 / 淚(루): 눈물 / 藍(람): 남빛, 진한 푸른빛

小路(소로)

小路中去步(소로중거보)
遠此見小燈(원차견소등)
誰不見少思(수불견소사)
余先他上道(여선타상도)
流時積歲月(류시적세월)
不步道悔心(불보도회심)
人生中自思(인생중자사)
大夢有小道(대몽유소도)

작은 길에

작은 길 걸어가는데
여기서 아주 먼 곳 작은 등불 보여
그 누구도 적은 생각으로도 보려고 않으나
나 다른 사람보다 먼저 선한 길 위에 있네
시간 흘러 세월 되어 쌓이는데
좋은 길 걷지 않으면 마음 뉘우치리니
인생은 자신의 생각 속에 있고
큰 꿈은 작은 길에서 부터 있구나

燈(등): 등불, 촛불 / 積(적): 쌓을, 쌓일 / 悔(회): 뉘우칠, 후회함

恩惠寺溪(은혜사계)

前庭恩惠寺流溪(전정은혜사류계)
秋葉遊與蛙心聲(추엽유여와심성)
閉門久寺心眼見(폐문구사심안견)
老僧讀心心佛經(노승독심심불경)

은혜사 계곡에

은혜사 뜰 앞 흐르는 계곡에
가을 낙엽은 마음으로 소리하며 개구리와 함께 노네
오래된 절 닫힌 문 마음의 눈으로 보니
늙은 스님 마음으로 마음으로 불경을 읽는구나

庭(정): 뜰, 마당 / 與(여): 함께, 더불어 / 蛙(와): 개구리 / 久(구): 오랠, 오래감

芳下來(방하래)

花谷暎余心詩意(화곡영여심시의)
草綠山寂鳥笑聲(초록산적조소성)
方向南家滿春心(방향남가만춘심)
聽詩聲青馬家生(청시성청마가생)

방하 마을에 오니

꽃 골에 나의 마음 비추는 시의 뜻 따라
풀 푸르고 산 고요해 새 웃음 소리 있고
남쪽으로 향한 집에 봄 마음 가득하니
청마 시인 태어난 집에서 시의 소리 듣는다

暎(영): 비추다, 덮다, 햇빛 / 余(여): 나 / 寂(적): 고요할, 편안함 / 滿(만): 가득찰, 충분함

花泳(화영)

山中逢道人喜仙(산중봉도인희선)
落花葉淵溪遊泳(낙화엽연계유영)
古時詩仙此白岩(고시시선차백암)
自心表詩書見容(자심표시서견용)

꽃잎은 헤엄치고

산중에서 도인을 만나니 신선 또한 기쁘고
계곡 연못에 떨어진 꽃잎은 헤엄을 치고 있네
옛날에 시선이 이 계곡 흰 바위에서
자신의 깊은 마음 시로 표현하던 그 얼굴 보이네

逢(봉): 만날 / 淵(연): 못 / 此(차): 이곳, 이 / 表(표): 나타낼, 표시함, 태도

春思秋菊(춘사추국)

黃花春日(황화춘일)
忽思花秋(홀사화추)
菊香知心(국향지심)
如節春秋(여절춘추)

봄에 가을 국화 생각하니

노란 꽃핀 봄날에
문득 가을 꽃 생각하네
국화 향기의 마음 알고 있으니
봄 가을 그 계절이 늘 같구나

菊(국): 국화 / 忽(홀): 홀연, 문득 / 節(절): 시기, 때

山思(산사)

友來日雨(우래일우)
春雨深心(춘우심심)
春葉靑靑(춘엽청청)
山思見岩(산사견암)

산이 생각하네

친한 친구 오니 비 오는 날이라
봄 비는 마음 깊고
봄에 처음 핀 잎은 푸르고 푸르른데
산은 바위를 보며 생각하는구나

深(심): 깊을 / 葉(엽): 잎 / 岩(암): 바위

鄕無畓(향무답)

過年五十來畓蛙(과년오십래답와)
無遊蛙畓家茶有(무유와답가다유)
無名客見對笑談(무명객견대소담)
近海鄕畓我心有(근해향답아심유)

고향에 논은 없네

오십 년 지나 개구리 놀던 논에 오니
논에 개구리 놀지 않는 곳에 찻집이 있고
이름 모를 손님 마주보고 웃으며 이야기 하지만
바닷가 고향논은 아직도 내 마음속에 있구나

畓(답): 논 / 過(과): 지날, 지나간 세월 / 蛙(와): 개구리 / 對(대): 마주볼, 마침내

波洗沙(파세사)

沙洗聲波(사세성파)
早飛驚鷗(조비경구)
遠海金剛(원해금강)
波其去流(파기거류)
海鏡我心(해경아심)
上沙白雲(상사백운)
笑心願友(소심원우)
隨歲月流(수세월류)

파도는 모래를 씻고

모래 씻는 파도 소리는
아침에 갈매기 놀라게 날리네
멀리 해금강 보이는 데
파도소리 그기 까지 흘러가리
거울 같은 바다 나의 마음 같고
모래 위 하얀 구름은
친구 보고 싶은 마음으로 웃으며
세월 따라 흘러가네

沙(사): 모래 / 驚(경): 놀랄, 놀라게 할 / 剛(강): 군셀 / 鏡(경): 거울 / 願(원): 바람, 사모할, 소망 / 隨(수): 따라감, 따를, 함께 감

銅杯(동배)

大壻舊正來妻家(대서구정래처가)
銅小杯飮思酒仙(동소배음사주선)
用丈人擧盞今日(용장인거잔금일)
手大壻思容丈人(수대서사용장인)

구리 잔 들고

큰 사위 구정에 처가에 와서
작은 구리 잔을 생각하며 신선 술 마시네
옛날 장인이 사용하던 잔 오늘에 들고
큰 사위 장인 얼굴 생각하며 손에는 잔 있구나

杯(배): 잔, 술잔 / 壻(서): 사위 / 擧(거): 들다, 손에 쥠 / 盞(잔): 잔, 작은 술잔

無心仙(무심선)

仙酒又酒(선주우주)
小人與心(소인여심)
仙與小酒(선여소주)
酒如思心(주여사심)

신선이 마음 비우고

신선이 술 마시고 또 마시니
소인의 마음과 함께 하네
신선이 소인과 함께 술 마시니
술 마시는 생각과 마음은 똑같구나

與(여): 더불어, 함께 / 如(여): 같을, 다르지 않음

飛鴻(비홍)

裏夕霞有靑(이석하유청)
歸家鴻笑見(귀가홍소견)
有思孤高飛(유사고고비)
夕霞爲友親(석하위우친)

큰 기러기 날며

저녁 노을 속 푸른 빛 있어
집에 가는 큰 기러기 웃으며 바라보네
생각 있어 높이 날으며
저녁 노을과 친한 벗이 되는구나

鴻(홍): 큰 기러기 / 裏(리): 안, 깊숙한 속 / 霞(하): 노을 / 歸(귀): 돌아올 / 孤(고): 외로울

梅花村(매화촌)

山峯有靑松(산봉유청송)
山中有梅錦(산중유매금)
白沙遊梅葉(백사유매엽)
港帆眠春心(항범면춘심)

매화 마을에는

산 봉우리에 푸른 솔 있고
산 속에 매화 비단 깔려 있네
하얀 모래는 매화 꽃잎과 노는 데
항구의 돛단배 봄 기운에 졸고 있구나

峯(봉): 산봉우리 / 錦(금): 비단 / 沙(사): 모래 / 港(항): 항구 / 帆(범): 돛단배 / 眠(면): 수면을 취함, 누워서 쉼

飛蝶鳥(비접조)

靑葉飛蝶(청엽비접)
黃衣鳥黃(황의조황)
溪靑淸流(계청청류)
蝶鳥自影(접조자영)

나비와 새 날고

푸른 잎에 나비 날으고
노란 새는 노란 옷을 입었네
푸른 계곡에 맑은 물 흘러가니
나비와 새는 자기 모습 비추어 보는구나

葉(엽): 잎 / 蝶(접): 나비 / 溪(계): 시냇물, 계곡 / 影(영): 모습, 그림자

秋竹影潭(추죽영담)

秋日湖畔(추일호반)
丹葉見心(단엽견심)
風談心竹(풍담심죽)
竹動影潭(죽동영담)

가을날 연못에 대나무가

가을날 호숫가에 와서
단풍잎을 마음으로 보네
바람은 대나무와 마음으로 이야기 하는데
대나무 흔들리니 연못에 그림자 비치는구나

影(영): 모습, 그림자 / 潭(담): 깊을, 물이 괸 깊은 곳 / 畔(반): 경계, 물가 / 丹(단): 붉을

梅雲(매운)

山遠與朋遊(산원여붕유)
我心有山頂(아심유산정)
上首有梅雲(상수유매운)
我心近有雲(아심근유운)
長艾有屯田(장애유둔전)
梅雲見我笑(매운견아소)
飛間雲黃鳥(비간운황조)
白雲微笑見(백운미소견)

매화 구름이

먼 산은 친구와 함께 놀고 있는 듯
내 마음은 산 정상에 있네
머리 위 매화 구름 있어
내 마음 구름 가까이 있네
긴 쑥은 밭 언덕에 있고
매화 구름은 나를 보고 미소 지으니
구름 사이로 날으는 새도
흰 구름 보며 미소 짓네

遠(원): 멀리, 먼 / 朋(붕): 벗, 친구 / 頂(정): 꼭대기 / 艾(애): 쑥 / 屯(둔): 언덕

有心(유심)

全有心中(전유심중)
思無有心(사무유심)
情思有林(정사유림)
知誰我音(지수아음)

마음은 있으니

모든 것은 마음속에 있고
생각없어도 마음은 있음이네
숲이 있어 많은 정을 생각하니
그 누가 알겠는가 나의 마음 소리를

情(정): 인정, 심정, 정취 / 誰(수): 누구

見五六島(견오륙도)

上海飛舟(상해비주)
白鷗雲濟(백구운제)
鷗翼如扇(구익여선)
五六島弟(오륙도제)

오륙도를 보니

바다 위로 배가 날으듯 가니
흰 갈매기는 구름을 건너 간다
갈매기 날개는 부채 모양 같고
오륙도 형상은 동생들 같구나

島(도): 섬 / 鷗(구): 갈매기 / 濟(제): 건널 / 翼(익): 날개, 새의 날개 / 扇(선): 부채 / 弟(제): 동생, 아우

見仙(견선)

仙客家酒(선객가주)
我首坐蝶(아수좌접)
客授多言(객수다언)
不必秋葉(불필추엽)

신선이 보니

신선이 손님 되어 주막에 오니
나의 머리에 나비가 앉았네
손님이 주는 많은 말들은
가을 낙엽처럼 필요가 없도다

坐(좌): 앉을 / 蝶(접): 나비 / 授(수): 줄, 주다

波龍遊(파룡유)

始時寂海(시시적해)
白波來雲(백파래운)
為變五龍(위변오룡)
飛遊白雲(비유백운)

용이 노는 파도 모습이

시작할 때는 바다 고요 하더니
흰 파도 구름 처럼 와서
다섯 마리 용으로 변하여
흰 구름 되어 날면서 노는구나

始(시): 처음, 시작, 시작할 / 寂(적): 고요할 / 變(변): 변할, 움직일, 고칠

孤海酒(고해주)

有思心扇(유사심선)
唯海舟見(유해주견)
水海見仙(수해견선)
清首醉仙(청수취선)

바닷가에서 외로히 술 마시니

생각 있어 마음의 부채 들고 있으니
바다는 오로지 배만 보라 하네
신선은 바다를 보니
머리 맑아도 신선 술에 취하였네

扇(선): 부채 / 唯(유): 오직, 다만, 비록, 대답할 / 舟(주): 배 / 醉(취): 취할, 술에 취함

青燭月心(청촉월심)

青燭態點(청촉태점)
不知余心(부지여심)
無言見月(무언견월)
誰知月心(수지월심)

푸른 촛불 달의 마음

푸른 초에 불 붙은 모양 보니
촛불은 나의 마음 알지 못하네
말없이 달도 보고 있는데
그 누가 달의 마음을 알겠는가

燭(촉): 촛불, 비칠 / 態(태): 모양, 형상, 모습, 맵시 / 余(여): 나 / 誰(수): 누구, 어떤 사람

飛鷰(비연)

月下有仙(월하유선)
龍雲見山(용운견산)
紅秋玉山(홍추옥산)
思心飛鷰(사심비연)

제비 날아 오겠네

달 아래 신선이 있으니
용 구름은 산을 보네
가을 붉어 산은 구슬이고
마음으로 생각하니 제비 날아 오겠네

鷰(연): 제비 / 紅(홍): 붉을

III

思秋菊
사추국

가을·국화 생각에

草家母情(초가모정)

秋草田擧盞(추초전거잔)
我見後楓山(아견후풍산)
前鳥歌溪谷(전조가계곡)
日暮羊見母(일모양견모)
後草家湧煙(후초가용연)
同時誰昨今(동시수작금)
似爲子授食(사위자수식)
思古然我母(사고연아모)

초가집의 모정

가을 날 풀밭에서 술 잔 드니
나의 뒤에 단풍 산 있고
앞에는 새 소리 계곡이네
날 저무니 작은 염소 엄마 보고 싶어하고
초가집 뒤에 연기 피어 오르니
누가 봐도 어제와 오늘 같은 시간인 데
아마도 아들에게 줄 밥을 짓겠지
생각하니 나의 어머니도 옛날에 그러하였으리

擧(거): 들다 / 盞(잔): 술잔 / 楓(풍): 단풍 / 暮(모): 해질, 저물, 해가 저묾 / 湧(용): 솟아 날 / 誰(수): 누구, 어떤 / 昨今(작금): 어제, 오늘

孤鶴思院(고학사원)

無言梅木來寒風(무언매목래한풍)
身心裏起深病患(신심리기심병환)
我童無病好時節(아동무병호시절)
夏日同友泳海遠(하일동우영해원)
近梅木松林孤竹(근매목송림고죽)
靑衣笑遊見白雲(청의소유견백운)
見孤淚深病梅木(견고루심병매목)
一爲鶴坐百病院(일위학좌백병원)

외로운 학 병원에서 생각하니

매화나무에 말 없이 찬 바람 오니
몸과 마음 속 깊은 병 일어나네
내 어릴 때 병 없던 좋은 시절에는
여름 날 친구 함께 먼 바다 수영 하였네
매화나무 옆 소나무 숲 속 외로운 대나무
푸른 옷 입고 웃으며 흰 구름 보며 노니는 데
외로워 눈물 보이는 병 깊은 매화나무
한 마리 학이 되어 백병원에 앉았구나

裏(리): 속, 내부, 안 / 深(심): 깊다, 심하다 / 遠(원): 멀다, 멀리

思友(사우)

時童遊同友(시동유동우)
近遠處必有(근원처필유)
小音大聽時(소음대청시)
思不遠如昨(사불원여작)
春日小植木(춘일소식목)
夏日泳淸海(하일영청해)
友心望見天(우심망견천)
今何爲髮白(금하위발백)

친구 생각에

어릴 때 함께 놀았던 친구는
가깝고도 먼 곳에 있으리니
작은 음성도 크게 들리던 시절은
생각하니 멀지 않은 어제 같은데
봄날에는 작은 나무 심고
여름날 맑은 바닷가 수영하였네
친구 보고 싶은 마음 하늘 보니
어쩌면 지금은 머리 하얗게 되었겠네

聽(청): 들을 / 昨(작): 어제 / 望(망): 그리워하다, 바라다, 기다리다 / 髮(발): 머리털

海月(해월)

靑海水寂鏡(청해수적경)
月映自容笑(월영자용소)
談深海月情(담심해월정)
海乘月見誰(해승월견수)

바다와 달은

푸른 바닷물 거울처럼 고요하니
달은 자신의 웃는 얼굴 비추네
바다와 달 정겨운 깊은 말 나누는 데
그 누가 봐도 바닷물이 달을 싣고 가는구나

寂(적): 고요하다, 쓸쓸하다, 평온하다 / 鏡(경): 거울, 비추다, 본받다, 밝히다 / 映(영): 비추다, 비치다, 덮다, 햇빛, 희미하다 / 深(심): 깊다, 생각이 깊다 / 乘(승): 타다, 탈것을 타다 / 誰(수): 누구, 어떤 사람, 묻다, 옛날

獨飛鴻(독비홍)

白雲飛獨鴻(백운비독홍)
靑松林有雀(청송림유작)
鴻誰言多友(홍수언다우)
無答爲友作(무답위우작)

기러기 홀로 날고

흰 구름 속 기러기 홀로 날고
푸른 소나무 숲에는 참새 있는 데
누가 기러기에게 친구 많다고 했는가
친구 하고자 해도 아무런 대답 없구나

獨(독): 홀로, 혼자 / 鴻(홍): 기러기 / 雀(작): 참새 / 誰(수): 누구, 어떤 사람 / 答(답): 대답하다 / 作(작): 짓다, 만들다

我走先(아주선)

我時童運動會秋(아시동운동회추)
與四友競速行走(여사우경속행주)
先發先着余母喜(선발선착여모희)
鶴翼如走長二手(학익여주장이수)

나 먼저 달렸지

나 어릴 때 학교 가을운동회에서
친구들 넷이 함께 빠르게 경쟁하며 달렸네
출발도 먼저 도착도 먼저 하여 나의 어머니 기뻐하시기에
두 손은 길게 학의 날개 모양으로 쭉 펴고 달렸지

走(주): 달릴, 빨리 달려갈 / 競(경): 경쟁함, 겨룸, 다툴 / 速(속): 빠를, 빨리 / 發(발): 떠날, 출발함, 보낼, 활을 쏨 / 着(착): 도달할, 다다를 / 喜(희): 기뻐할, 좋아할 / 翼(익): 날개, 새의 날개

月下有仙(월하유선)

登月獨峯山(등월독봉산)
集一處散心(집일처산심)
月不知心仙(월부지심선)
焉仙如月心(언선여월심)

달 아래 신선 있어

독봉산에 달 오르니
흩어진 마음 한 곳에 모이네
달이 신선의 마음 알지 못하니
어찌 신선이 달의 마음 알리오

峯(봉): 산봉우리, 산정상 / 散(산): 흩어질 / 焉(언): 어찌

秋隨(추수)

秋隨不知深深溪(추수부지심심계)
我心多愁見菊香(아심다수견국향)
濃味松遊獨白鶴(농미송유독백학)
何時思降雪白冬(하시사강설백동)

가을을 따라서

가을 따라 갔더니 알지 못하는 깊고 깊은 계곡
근심 많은 나의 마음 국화 향기 보았네
소나무 냄새 짙어 흰 학 홀로 놀고 있으니
어느 때 겨울되어 흰 눈 내릴지 생각한다.

隨(수): 따름, 따라 감 / 菊(국): 국화 / 濃(농): 짙은, 색이 진함 / 降(강): 내릴

梅香(매향)

雲紙龍玉書(운지용옥서)
與雲見遊鶴(여운견유학)
梅香滿雨土(매향만우토)
直性立烏竹(직성립오죽)

매화 향기

구름 종이에 용은 구슬로 글을 쓰고
구름과 학 노는 모습도 보이네
비 온 땅에 매화 향기 가득하고
곧은 성품 오죽대는 서 있구나

紙(지): 종이 / 與(여): 함께, 더불어 / 滿(만): 가득할 / 烏(오): 까마귀

別友(별우)

友與又傾盞(우여우경잔)
見半月畵扇(견반월화선)
月見友盞笑(월견우잔소)
我友離見盞(아우리견잔)

벗과의 이별은

벗과 함께 또 기울이는 술잔
반달은 부채에 그려진 그림 보네
달은 웃으며 친구의 잔을 보고
나는 이별하는 친구의 잔을 보고 있네

別(별): 이별함, 작별 / 與(여): 더불어, 함께 / 傾(경): 기울, 잔을 기울일 / 離(리): 떠날, 헤어짐

海香(해향)

鹽香流入鼻(염향류입비)
海中獨小島(해중독소도)
其老松鶴飛(기노송학비)
小魚遊隨母(소어유수모)

바다 향기 맡으며

소금 향기 코에 흘러 들고
바다 한 가운데 외로운 작은 섬
그 섬 노송에 학이 날으니
작은 고기는 어미 붙어 따라 노네

鹽(염): 소금 / 鼻(비): 코 / 其(기): 그곳 / 隨(수): 따를, 붙어다님, 따라감

夏蟬秋蛙(하선추왕)

獨飛蝶我心知焉(독비접아심지언)
初秋霜濕麻衣袖(초추상습마의수)
時夏無淚蟬聲亂(시하무루선성란)
秋風打翼蛙聲隨(추풍타익왕성수)

여름 매미와 가을 귀뚜라미

홀로 나르는 나비는 나의 마음 어찌 알리
초가을 서리는 삼베 소매 적시고
여름 날 울지 못한 매미 소리 초가을에 요란하니
가을 바람 날개를 치니 귀뚜라미도 따라서 소리한다

蝶(접): 나비 / 焉(언): 어찌, 의문의 어조사 / 霜(상): 서리 / 濕(습): 젖을 / 袖(수): 소매 /
蟬(선): 매미 / 蛙(왕): 귀뚜라미 / 隨(수): 따를, 따라서

黃山(황산)

山遊抱霞紅容知(산유포하홍용지)
秋雲望與遠笑霞(추운망여원소하)
暮夏止哀蟬聲又(모하지애선성우)
流世叱咤過世何(유세질타과세하)

노을 입은 산이네

노을 품고 노는 산 너의 얼굴 붉고
가을 구름은 먼 곳에 웃고 있는 노을과 같이 있고 싶어 하네
해질 여름날 슬픔 그친 매미 다시 소리하니
흘러가는 세월이 지나간 세월을 어찌 탓을 하오

霞(하): 노을 / 暮(모): 해질, 저물 / 蟬(선): 매미 / 叱(질): 꾸짖을 / 咤(타): 꾸짖을, 책망할 / 何(하): 어찌, 무엇을, 의문사

松想(송상)

靑年時友來(청년시우래)
草屋無有松(초옥무유송)
誰草屋閉門(수초옥폐문)
老松與我想(노송여아상)

소나무와 생각하니

젊을 때 친한 벗과 왔었는데
초가집은 없고 노송만 있네
그 누가 초가집 문을 닫았는지
나는 노송과 더불어 생각에 젖는구나

屋(옥): 집, 건물, 주거 / 誰(수): 누구, 어떤 사람 / 與(여): 더불어, 함께 / 想(상): 생각할, 추억함

夏燕(하연)

江南來多燕(강남래다연)
飛舞高靑天(비무고청천)
仙見開扇畫(선견개선화)
十字形燕身(십자형연신)

여름에 제비가

강남에서 수 많은 제비 와
높고 푸른 하늘에 춤추며 날으네
신선이 부채 그림 열어 보이니
제비는 자신의 몸 모양 열십자 만들구나

燕(연): 제비 / 舞(무): 춤, 무용 / 扇(선): 부채

月我(월아)

君月眞光(군월진광)
睡不夜長(수불야장)
思不山粧(사불산장)
千古月想(천고월상)

나의 달은

달 그대는 참으로 빛나니
잠 못 이룬 밤 그 얼마나 길었는지
산은 꾸밈없고 생각만 하니
천년을 지나도 그대 달은 깊은 생각 하는구나

睡(수): 취침, 잘 / 粧(장): 단장할, 화장 / 想(상): 생각할, 사모함, 추억함

思月(사월)

見一月擧酒(견일월거주)
月爲知我心(월위지아심)
悠悠遊明月(유유유명월)
誰知親思心(수지친사심)

달 보고 생각하니

달을 한 번 보고 술잔 드니
달이 나의 마음 안다고 하네
한가로이 노니는 밝은 달 보니
그 누가 부모님 생각하는 나의 마음 알리오

擧(거): 들, 손에 쥠 / 悠(유): 한가할, 멀 / 誰(수): 누구, 어떤 사람

春山(춘산)

春雨衣見山(춘우의견산)
山孤鶴我見(산고학아견)
我答孤山汝(아답고산여)
答山遊魚川(답산유어천)

봄 산

봄비에 옷 젖어 산을 보니
산은 나를 보고 외로운 학이라 하고
내가 산 그대가 외롭다고 답하니
산이 시냇물의 고기와 논다고 대답하네

孤(고): 외로울, 홀로 / 汝(여): 너 / 遊(유): 놀, 즐겁게 지냄, 벗

白梅小蝶(백매소접)

飛獨小白蝶(비독소백접)
白梅枝坐靜(백매지좌정)
我不分梅蝶(아불분매접)
蝶翼梅短長(접익매단장)

흰 매화 작은 나비

홀로 날으는 하얀 작은 나비가
흰 매화 가지에 조용히 앉으니
매화와 나비 구분하지 못하는데
나비는 날개를 매화꽃에 길고 짧음을 재 본다

蝶(접): 나비 / 枝(지): 가지 / 靜(정): 조용할, 조용히, 깨끗할 / 分(분): 분별할, 나눌, 반쪽 / 翼(익): 날개

思母(사모)

同時思母鄕(동시사모향)
常思情母幽(상사정모유)
麻衣作容態(마의작용태)
母情我衣有(모정아의유)

어머님 생각에

어머님 그리고 고향 생각을 같이 하니
늘 어머님의 그윽한 정이 생각난다
삼베 옷 지을 때 얼굴 그 모습
나의 옷에 어머님의 정이 있었구나

鄕(향): 고향 / 常(상): 항상, 늘 / 幽(유): 그윽한, 깊고 조용함 / 麻(마): 삼, 삼베 / 態(태): 모양, 모습, 몸짓

松鷗(송구)

直孤獨松崖(직고독송애)
海花波笑見(해화파소견)
海石洗遊友(해석세유우)
波上飛鷗仁(파상비구인)

소나무와 갈매기

외로히 홀로 낭떠러지에 곧은 소나무 있어
파도꽃은 바다에서 웃으며 본다
바다에는 돌이 친구와 세수하며 놀고
파도 위는 어진 갈매기 날으네

直(직): 곧을 / 崖(애): 낭떠러지 / 波(파): 물결, 파도 / 洗(세): 씻을, 닦음, 깨끗하게 함

紅梅黃鳥(홍매황조)

山與友遠遊(산여우원유)
我心有頂山(아심유정산)
雲上首紅梅(운상수홍매)
我心有近雲(아심유근운)
開短萍上岸(개단평상안)
笑見我紅梅(소견아홍매)
飛間雲黃鳥(비간운황조)
微笑紅梅見(미소홍매견)

붉은 매화 노란 새

산은 멀리서 친구와 함께 놀고
내 마음 그 산 정상에 있네
구름은 홍매화 머리 위에 있고
내 마음은 구름 가까이에
짧게 돋아난 언덕 위 쑥밭에
홍매화 나를 보고 웃으니
구름 사이 날으는 노란 새
홍매화 보고 미소 짓네

遠(원): 멀리 / 頂(정): 꼭대기 / 萍(평): 쑥 / 岸(안): 언덕

松聲(송성)

我獨去松林(아독거송림)
滿身濕松香(만신습송향)
多松葉風聲(다송엽풍성)
來遠女音聲(내원녀음성)

솔 바람 소리는

나 홀로 솔 숲 걸어가니
몸에 솔 향기 가득 젖고
솔잎에 바람 소리 많으니
멀리서 여인의 음성 오는 듯하네

滿(만): 가득, 찰, 충분 / 濕(습): 축축할, 젖을 / 遠(원): 멀, 멀리

春日霧夜(춘일무야)

去立春日霧深夜(거입춘일무심야)
君思朋女心想見(군사붕녀심상견)
長長春日又深思(장장춘일우심사)
我心淚流恥霧見(아심루류치무견)

봄날 안개 낀 밤에

입춘 지난 날 안개 낀 깊은 밤에
군자는 친구였던 여인 마음 생각을 본다
긴 긴 봄날 깊은 생각 또 하고
내 마음에 흐르는 눈물을 안개가 볼까 부끄럽네

霧(무): 안개 / 深(심): 깊을 / 淚(루): 눈물 / 恥(치): 부끄러워할, 부끄럼

霧花(무화)

日揚山東容笑見(일양산동용소견)
夕氷霜霧水為花(석빙상무수위화)
染煙如必東洋畫(염연여필동양화)
其青松有畫中畫(기청송유화중화)

안개꽃

아침 해는 동쪽 산에 웃으며 얼굴 보이고
저녁에 얼었던 서리는 물안개 꽃이라
자욱한 연기는 꼭 동양화 같아서
그 곳 푸른 솔은 그림 속의 그림이로구나

揚(양): 오를, 떠오름, 나타남 / 霜(상): 서리 / 霧(무): 안개 / 染(염): 물들일, 적실 / 煙(연): 연기 / 畫(화): 그림

草田行(초전행)

草田獨心樂(초전독심락)
白雲靜心我(백운정심아)
長時待無翰(장시대무한)
唯心中女思(유심중여사)

풀밭을 거닐며

풀밭에서 마음 즐거우나 외롭고
흰 구름 같은 고요한 나의 마음
긴긴 날 기다려도 편지 없으니
오직 마음 속 여인 생각 뿐이로다

樂(락): 즐거울 / 靜(정): 고요할, 조용할, 얌전함 / 待(대): 기다릴, 대접할, 용서할 / 翰(한): 편지, 글, 새의 깃 / 唯(유): 오직, 비롯, 다만

多酒(다주)

初盞受不醉(초잔수불취)
三盞能醉受(삼잔능취수)
小盞受無言(소잔수무언)
多飮自爲主(다음자위주)

술 많이 마시면

첫 잔 받은 자 취하지 않고
세 잔 받으면 능히 취하네
작은 잔 받은 자 말이 없는 데
많이 마신 자는 주인 인 양 하구나

盞(잔): 술잔 / 醉(취): 취할 / 飮(음): 마실

月心流(월심류)

月獨淨無聲心流(월독정무성심류)
猜江水隨流月光(시강수수류월광)
山鳥鳴海鳥同時(산조명해조동시)
見鳴鳥袖濕月江(견명조수습월강)

달의 마음 흐르고

달은 홀로 마음 소리 사심없이 흐르고
강물도 시샘하여 달빛 따라 흘러
산 새 바다 새 같은 시간에 우니
우는 새들 보고 달도 강도 소매 적시네

淨(정): 사심 없을 / 猜(시): 시기할, 시샘 / 隨(수): 따를 / 鳴(명): 울다 / 袖(수): 옷소매 / 濕(습): 젖을, 물기

雪流(설류)

白雪流之淵(백설류지연)
積雪光小餘(적설광소여)
小石笑白雪(소석소백설)
見木花田如(견목화전여)

눈 녹아 흐르고

하얀 눈 흘러 연못에 이르고
쌓인 눈 조금 남아 빛나고 있는 데
작은 돌에서 백설이 웃고있어
목화밭 보는 것 같네

淵(연): 연못 / 餘(여): 남을, 여분

冬竹(동죽)

柿田坐獨遊一鵲(시전좌독유일작)
白雪自映一字動(백설자영일자동)
竹聲見其望有友(죽성견기망유우)
無友只冬竹葉聲(무우지동죽엽성)

겨울 속 대나무는

감나무 밭 홀로 앉아 노는 한마리 까치는
하얀 눈에 한 일자 비치는 자신의 모습 보고 있네
대나무 소리 나는 곳 보고 친구 있었으면 하지만
친구는 없고 단지 겨울 대나무 잎 소리 뿐이로다

柿(시): 감나무 / 鵲(작): 까치 / 映(영): 비칠 / 只(지): 다만, 단지

湖鴨(호압)

湖獨遊鴨泳(호독유압영)
自泳必學母(자영필학모)
明陽映湖鴨(명양영호압)
白珠見上湖(백주견상호)

호수에 오리가

호수에 홀로 헤엄치며 노는 오리
스스로 헤엄치나 반드시 어미에게 배웠으리
밝은 태양 비치는 호수에 오리는
호수 위 하얀 구슬로 보이네

湖(호): 호수 / 鴨(압): 오리 / 泳(영): 헤엄침, 수영 / 陽(양): 태양, 밝을 / 映(영): 비칠, 빛 반사함

雪田書鶴(설전서학)

鶴去雪田(학거설전)
墨磨書詩(묵마서시)
二足書行(이족서행)
無見意知(무견의지)

눈 밭에 학 글 쓰네

학이 눈 밭 걸어 가네
먹 갈아 시를 쓰는데
두 발로 쓰는 행동이
보이지 않아도 그 뜻 알겠구나

墨(묵): 먹 / 磨(마): 갈, 닳을 / 足(족): 발

飛雁(비안)

正月初日無聲雨(정월초일무성우)
思親如生前子憂(사친여생전자우)
今日夜無明月空(금일야무명월공)
雨中飛雁高隨友(우중비안고수우)

기러기는 날고

설날에 비는 소리없이 내리는 데
생전에 부모님은 아들 걱정 같은 생각 뿐이었고
오늘 밤 하늘에 달은 없는 데
비 속에 높이 날으는 기러기 친구 따라 가는구나

憂(우): 근심, 걱정 / 空(공): 하늘, 고요함 / 雁(안): 기러기 / 隨(수): 따를, 따라감, 뒤따름

春已(춘이)

冬山深谷(동산심곡)
遊鵲高飛(유작고비)
待春枝松(대춘지송)
上枝春已(상지춘이)

봄은 이미 왔는데

겨울 산 계곡 깊어
높이 날며 노는 까치 있네
소나무 가지는 봄 기다리는 데
봄은 이미 가지 위에 있구나

深(심): 깊을, 깊숙함 / 鵲(작): 까치 / 待(대): 기다릴, 대접할, 용서할 / 枝(지): 가지, 버틸 / 已(이): 이미, 벌써

冬木動(동목동)

初冬風動松(초동풍동송)
去風到松容(거풍도송용)
待松談與風(대송담여풍)
待溫春笑冬(대온춘소동)

겨울 나무 흔들리고

초겨울 바람은 소나무 흔들고
지나가는 바람도 소나무 얼굴에 닿네
기다리던 소나무 바람과 속삭이고
따듯한 봄 기다리며 겨울이 미소짓네

·到(도): 이를, 닿음, 도달할 / 談(담): 이야기, 농할 / 溫(온): 따듯할, 부드러울, 온화함

松下(송하)

老松遊上首(노송유상수)
其枝風海動(기지풍해동)
秋去降冬雨(추거강동우)
見淚友遠送(견루우원송)

소나무 밑에서

노송은 머리 위에서 늙고
그 가지 겨울 바람에 흔들리네
가을 지나 겨울 비는 내리는 데
친구를 멀리 보내니 눈물 보이네

遊(유): 놀다 / 枝(지): 가지 / 降(강): 내릴, 떨어짐 / 淚(루): 눈물, 울 / 遠(원): 멀, 먼곳, 멀어질 / 送(송): 보낼, 이별함, 전송

雅心(아심)

落葉遊上地(낙엽유상지)
不變淸雅心(불변청아심)
誰不知知鶴(수부지지학)
我心如鶴心(아심여학심)

고운 마음

낙엽은 땅 위에서 놀고
언제나 변함 없는 맑고 고운 마음
그 누구도 알지 못해도 학은 알고
내 마음 학의 마음 같은데

變(변): 변할, 변화한, 고칠 / 雅(아): 우아할, 고상함, 바를, 올바름 / 誰(수): 누구, 어떤 사람

月靜(월정)

前揚登明山東見(전양등명산동견)
後沒楊多霞遊天(후몰양다하유천)
誰見晝笑月裏雲(수견주소월리운)
夕揚月登山東見(석양월등산동견)

달은 고요한데

해뜨기 전 밝은 동쪽 산 보았고
해진 후 하늘에 많은 노을 노네
누가 낮에 구름 속 웃는 달 보려 하는 지
석양 혼자 동쪽 산에 뜨는 달 보고 있네

靜(정): 고요함, 조용할, 깨끗함 / 揚(양): 오를, 나타남 / 沒(몰): 마칠, 빠질, 가라앉음 /
霞(하): 노을 / 誰(수): 누구 / 晝(주): 낮 / 裏(리): 내부, 속, 안, 마음

波聲(파성)

美我少子女鄉海(미아소자녀향해)
故鄉氣我近見笑(고향기아근견소)
波打石美聲與耳(파타석미성여이)
千年回古連石小(천년회고련석소)

파도 소리

예쁜 나의 어린 딸과 고향 바다에
고향의 기운은 가까이에서 나에게 미소 보이고
바위에 부딪히는 파도가 귀에 아름다운 소리 주고
작은 돌 옛 부터 천년을 굴렀으리

波(파): 파도, 물결 / 打(타): 칠, 두드림 / 與(여): 줄, 도울 / 回(회): 둥글게 움직임, 돌아 올 / 連(련): 이어질, 계속함, 이을

波談(파담)

波談推聲高(파담추성고)
香珠女無言(향주녀무언)
海中有獨島(해중유독도)
麗沙書不見(려사서불견)

파도의 이야기

밀려오는 파도들의 이야기 소리 높은 데
향기 나는 여인은 구슬처럼 말이 없네
바다 한 가운데 홀로 있는 섬은
고운 모래에 쓴 글 보지 아니하구나

談(담): 이야기, 이야기 할 / 推(추): 밀, 밀어 올림, 뒤에서 밂 / 島(도): 섬 / 麗(려): 고울, 아름다울, 맑을, 빛날

柿村(시촌)

夏日遊少童(하일유소동)
必言笑容朋(필언소용붕)
小柿笑見少(소시소견소)
來秋爲柿黃(래추위시황)
時靑柿上枝(시청시상지)
待果大時黃(대과대시황)
惟黃色有滿(유황색유만)
秋風動枝望(추풍동지망)

감나무 고을에서

여름날 어린아이 놀다가
웃는 얼굴로 반드시 친구에게 말하네
작은 감 아이 보고 웃으면서
가을 오면 노란 감 된다네
푸른 감이 나무 위에 있을 때
언제 노란 큰 과일 될런지 기대하고
오직 노란 빛 가득할 때
가을바람이 감나무 가지 흔들기를 바라자고

柿(시): 감나무, 감 / 朋(붕): 벗, 친구 / 待(대): 기다릴, 대접할 / 惟(유): 오직 / 滿(만): 가득할 / 望(망): 바랄, 기대함, 보름

見山茱萸(견산수유)

山行去木山茱萸(산행거목산수유)
冬山立無葉紅實(동산입무엽홍실)
我揚受問山茱萸(아양수문산수유)
同行女必如容戱(동행여필여용희)
思爲飮茶山茱萸(사위음다산수유)
問食何時山茱萸(문식하시산수유)
裏山步時渴症喉(이산보시갈증후)
古談授受黃昏時(고담수수황혼시)

산수유 보면서

산길 걷다 보니 산수유 나무는
겨울 산에 서 있는 잎 없이 붉은 열매
내가 햇빛 받은 산수유에게 물으니
같이 걷는 여인과 얼굴 닮았다 놀리고
산수유 차 마시면 그런 생각 한다네
언제 산수유 차 마시면 되는 가 물으니
산 속을 걷다가 목에 갈증 나면
옛 이야기 주고 받으며 황혼 나이 들었을 때라 하네

茱(수): 수유나무 / 萸(유): 수유나무 / 戱(희): 희롱할, 놀이할 / 飮(음): 마실 / 渴(갈): 목마를, 갈증 / 喉(후): 목구멍

海村(해촌)

右向聲山鳥(우향성산조)
左向聲海鳥(좌향성해조)
靜海去浮舟(정해거부주)
獨自行遊浮(독자행유부)
後山如屛岩(후산여병암)
見笑恒前海(견소항전해)
港抱相長山(항포상장산)
二龜見相口(이구견상구)

바닷가 마을은

오른쪽 향하니 산새 소리
왼쪽 향하니 바다 새 소리
고요한 바다에 배 떠가니
스스로 홀로 놀면서 가네
산 뒤에 병풍 바위 같으니
늘 바다 앞을 웃으며 보고 있고
항구를 에워싼 긴 산은 서로
두 마리 거북 서로의 입을 보는 듯하구나

浮(부): 뜰, 물 위에 뜸 / 舟(주): 배, 선박 / 屛(병): 병풍 / 恒(항): 항상, 언제나, 늘 / 港(항): 항구 / 抱(포): 안을, 품을

秋花飛蝶(추화비접)

長喉秋花(장후추화)
秋花蝶黃(추화접황)
翼接起風(익접기풍)
扇翼雲動(선익운동)

가을 꽃에 나비 날고

목이 긴 가을 꽃이 있어
가을 꽃에 노란 나비는
바람이 일면 날개 접으나
날개 부채질 하니 구름이 움직이네

蝶(접): 나비 / 喉(후): 목 / 翼(익): 날개 / 接(접): 접할, 이을 / 起(기): 일어날, 발생할 / 扇(선): 부채, 부채질할

思秋(사추)

古坐愛人長椅子(고좌애인장의자)
來獨見葉紅日秋(래독견엽홍일추)
其人溫氣我有心(기인온기아유심)
授受言行下雲有(수수언행하운유)

가을에 생각은

그 옛날 사랑하던 사람 앉았던 긴 의자에
붉은 낙엽 가을날 홀로 와서 보니
님의 따뜻한 기운 아직도 나의 마음에
주고받던 말과 행동은 구름 아래서 머무는구나

椅(의): 의자 / 溫(온): 따뜻한 / 授(수): 줄, 가르칠 / 受(수): 받을, 받아들일

秋雨降靜(추우강정)

秋雨降凄凉靜閑(추우강처량정한)
降聲雨無此靑聽(강성우무차청청)
濕雨鳥言靜笑友(습우조언정소우)
後雨開花不者聽(후우개화불자청)

고요하게 가을비 내리고

가을비 고요히 한가로우나 처량하고
이 맑은 비 내리는 소리 듣는 이 없고
친구와 함께 비에 젖은 새 고요한 웃음으로 말하는데
비 온 뒤 꽃이 피는 소리 듣는 이도 없구나

凄(처): 서늘할 / 凉(량): 서늘할, 맑을 / 閑(한): 한가할 / 此(차): 이것,이곳 / 濕(습): 축축할,물기

秋夜思戀(추야사련)

秋雨夜來擧仙酒(추우야래거선주)
三更隨風流燭淚(삼경수풍류촉루)
秋雨見心濕柴門(추우견심습시문)
焉誰思古女淚袖(언수사고녀루수)

가을 밤에 그리운 생각

가을밤에 비 오니 신선주 들고
삼경인데 바람따라 촛불 눈물 흘리네
가을비 마음으로 보니 사립문 젖는데
어찌 누구든지 옛 여인 생각하면 소매에 눈물 젖지 않으리

戀(련): 그리워할, 그리움 / 擧(거): 들, 손에 쥠 / 燭(촉): 촛불 / 淚(루): 눈물 / 濕(습): 축축할 / 焉(언): 어찌 / 誰(수): 누구, 어떤 사람 / 袖(수): 소매

讀文(독문)

時初讀書如常誰(시초독서여상수)
少童如不知丈言(소동여부지장언)
再又再讀知小意(재우재독지소의)
頻讀聲爲自覺先(빈독성위자각선)

글을 읽으면

처음 어떤 글 읽을 때는 누구나 항상 같으니
어린아이가 어른의 말을 알지 못한 것처럼
다시 읽고 또 읽으면 작은 뜻을 알게 되고
여러 번 소리내어 읽으면 스스로 먼저 깨달을 수 있으리

常(상): 항상, 당연 / 丈(장): 어른 / 再(재): 거듭 / 頻(빈): 자주, 여러 번 / 覺(각): 깨달을, 깨우칠, 알아차림

月流(월류)

坐草戀人思來再(좌초련인사래재)
同行人我不有近(동행인아불유근)
此夜月流映吾小(차야월류영오소)
見獨步無言山遠(견독보무언산원)

달빛 흐르고

그리운 임 앉았던 풀밭에 다시 와서 생각하니
나와 함께 온 사람 가까이에 없고
이 밤 나에게 달빛 흘러 조금은 비추는데
말없이 홀로 걷는 모습을 먼 산이 보고 있네

此(차): 이, 이것 / 映(영): 비칠 / 吾(오): 나 / 步(보): 걸을, 천천히 걸음 / 遠(원): 멀, 먼 곳

客酒(객주)

來酒幕我爲言客(내주막아위언객)
不酒飮者多多言(불주음자다다언)
往來人多數如林(왕래인다수여림)
古思無友不尙人(고사무우불상인)
無言人沈黙心言(무언인침묵심언)
老松遊如鶴無言(노송유여학무언)
心深有意飮花酒(심심유의음화주)
言裏言授受笑仙(언리언수수소선)

주막에 손님되어

주막에 오니 나를 손님이라 하고
술 마시지 않은 자는 말 너무 많네
오고 가는 사람 숲을 이루고
생각하니 옛 친구 없고 모르는 사람들
말없는 사람처럼 마음으로 말하니
노송에서 말없는 학처럼 노는 모습하여
마음 깊은 뜻있어 꽃술마시니
신선은 웃으며 말 속의 말 주고 받네

幕(막): 휘장, 천막 / 黙(묵): 말이 없음, 잠잠할 / 深(심): 깊을 / 裏(리): 안, 내부, 속

柳知我心(류지아심)

始春風思母(시춘풍사모)
淸谿映母心(청계영모심)
士書無送天(사서무송천)
柳葉知我心(류엽지아심)

버드나무는 나의 마음 알고

봄 바람 시작하니 어머님 생각에
맑은 계곡물에 어머님 마음 비추네
선비의 글을 하늘에 보낼 수 없음을
버드나무 잎은 나의 마음을 알고 있네

始(시): 처음, 시작함 / 谿(계): 시내, 산골짜기작은물 / 映(영): 비칠 / 送(송): 보낼

明洞山林(명동산림)

多林無聲見四山(다림무성견사산)
就靜仙君有意眼(취정선군유의안)
老松相他談只古(노송상타담지고)
思路往來鹿葛善(사로왕래록갈선)

명동 산 속에서

숲 많아 사방이 산인데 소리는 없고
고요함에 이른 신선 그대 의미 있는 눈이니
노송은 서로 다른 이와 다만 옛 이야기 나누는데
착한 칡은 사슴이 오고 가는 길 생각하는구나

就(취): 이를, 좇을, 곧, 즉시 / 眼(안): 눈 / 只(지): 다만, 단지 / 葛(갈): 칡

春山(춘산)

春雨降山(춘우강산)
無見此塵(무견차진)
竹葉和山(죽엽화산)
仁眼心見(인안심견)

봄 산은

봄비 산에 내리니
이 먼지는 볼 수 없네
대나무 잎은 산과 조화로우니
어진 자는 마음의 눈으로 보는구나

降(강): 내릴 / 此(차): 이, 이것 / 塵(진): 티끌, 먼지 / 眼(안): 눈

市女(시녀)

夾市夾路女(협시협로녀)
小魚賣多手(소어매다수)
貧家常有心(빈가상유심)
奔容麗梅手(분용려매수)

시장에서 여인은

좁은 시장 좁은 길에서 여인이
작은 고기 손으로 많이 팔고 있네
집 가난함은 늘 마음에 있어도
바쁜 얼굴 바쁜 손 매화처럼 곱구나

市(시): 시장, 팔, 장사, 값 / 夾(협): 좁을 / 貧(빈): 가난할, 가난 / 常(상): 항상, 늘 / 奔(분): 빠를, 달릴, 바쁘다 / 麗(려): 고울, 아름다움, 빛날, 맑을

此巨濟大橋(차거제대교)

見大橋浪(견대교랑)
紅顔夕陽(홍안석양)
見海老松(견해노송)
爲友遊鴻(위우유홍)

여기는 거제대교

거제대교에서 노니는 물결 보고
석양을 보니 얼굴 붉도다
노송 곁에서 바다 보니
기러기와 친구 되어 놀고 있구나

此(차): 이곳, 이것 / 浪(랑): 물결, 파도 / 顔(안): 얼굴 / 鴻(홍): 기러기

IV

思冬竹
사동죽

겨울 · 대나무 생각에

見 江 (견강)

思思戀見江 (사사련견강)
冬月光惟明 (동월강유명)
上首飛獨雁 (상수비독안)
冬風高聲遠 (동풍고성원)
雁接翼坐松 (안접익좌송)
思離友愁心 (사리우수심)
飛夜雁黑占 (비야안흑점)
飛晝白珠見 (비주백주견)

강을 보고 있으니

임 사모하는 생각에 강을 보니
겨울 달빛 유난히 밝도다
머리 위는 홀로 나르는 기러기
겨울바람 먼 곳에서 소리있네
기러기 날개 접어 노송에 앉더니
헤어진 친구 생각에 수심 깊어라
밤에 나르는 기러기 검은 점으로 보이나
낮에 나르는 기러기는 하얀 구슬로 보이겠네

戀(련): 그리워함, 그리움, 사모하는 / 惟(유): 오직, 유독 / 雁(안): 기러기 / 離(리): 헤어질, 떠난 / 晝(주): 낮, 낮에

冬夜(동야)

我時冬草家知生 (아시동초가지생)
我長長冬夜暫眠 (아장장동야잠면)
母心情腹木花衾 (모심정복목화금)
曉多雪降木花田 (효다설강목화전)

겨울 밤에

나는 겨울날 초가집에서 태어난 것을 알았고
내가 긴 긴 겨울 밤에 잠깐 잠든 때
어머님은 마음 정성으로 목화 이불 배어 덮어 주었네
새벽에는 많은 눈이 내려 목화밭 되었지

暫(잠): 잠시, 잠깐 / 眠(면): 잠자다 / 腹(복): 배 / 衾(금): 이불 / 曉(효): 새벽 / 降(강): 내리다

與友酒家(여 우 주 가)

古酒家與友 (고주가여우)
冬飮古如味 (동음고여미)
友戀思我眉 (우련사아미)
冬歌友聽美 (동가우청미)

친구와 주막에서

옛날 주막에서 벗과 함께 마시던 술은
이 겨울에 마셔도 옛 맛 그대로인데
벗은 나의 눈썹 생각하며 그리워하는지
벗의 그날 겨울 노래는 지금도 아름답게 들리구나

飮(음): 마실 / 味(미): 맛, 맛을 봄 / 戀(련): 그리워 할 / 眉(미): 눈썹 / 聽(청): 들을

白雲流 (백운류)

白雲天靑集散也 (백운천청집산야)
有多形雲眞見好 (유다형운진견호)
後山小雲如童容 (후산소운여동용)
白兔鷗人形妙畵 (백토구인형묘화)

흰 구름 흘러

흰 구름 푸른 하늘에 모였다 흩어지니
각 가지 변하는 구름 모습 참 좋아 보이네
높은 산 뒤 작은 구름은 아기 얼굴 같고
하얀 토끼 흰 갈매기 흰 눈사람 모습하니 묘한 그림이구나

集(집): 모이다, 만나다, 도착하다, 머무르다 / 散(산): 흩어지다, 나누어지다 / 也(야): 어조사, 또, 또한, 잇달다 / 童(동): 아이, 어리다 / 兔(토): 토끼, 달의 딴 이름

冬 松(동 송)

春開葉如綠 (춘개엽여록)
夏遊好蟬說 (하유호선설)
秋笑近楓多 (추소근풍다)
冬負背白雪 (동부배백설)

겨울 소나무는

봄 열리니 잎은 더욱 초록이었고
여름날 매미 말하며 좋아 놀았네
가을에 수 많은 단풍 곁에서 미소 짓고
겨울에는 등에 하얀 눈 지고 있구나

葉(엽): 잎, 모우다 / 綠(록): 초록빛 / 蟬(선): 매미 / 楓(풍): 단풍나무 / 負(부): 질, 지다, 등에 업다 / 背(배): 등, 뒤

感 海 冬 風 (감 해 동 풍)

我 見 裏 冬 風 去 舟 (아견리동풍거주)
時 冬 海 草 林 魚 遊 (시동해초림어유)
海 松 和 黑 石 白 沙 (해송화흑석백사)
遠 來 雲 待 笑 雲 有 (원래운대소운유)

바닷가 겨울 바람 느끼며

나 겨울 바람 속 가고 있는 배 보고
겨울에 바다 풀 숲 고기 노네
바닷가 소나무 검은 바위 흰 모래 어울리는데
멀리서 구름 오니 기다리던 구름은 미소 짓네

感 (감): 느낌, 고맙게 여기다, 생각하다 / 裏 (리): 속, 가운데, 속마음 / 遊 (유): 놀다, 즐겁게 지내다, 벗 / 遠 (원): 멀다, 아득하다 / 待 (대): 기다리다, 갖추다, 대접하다, 모시다

不必掃 (불 필 소)

晝老僧掃階 (주로승소계)
夜月光獨掃 (야월광독소)
何無煩惱每 (하무번뇌매)
其事虛階笑 (기사허계소)

돌 층계 쓸 필요 없는데

낮에 노승이 쓸었던 돌 계단을
밤이 되니 달빛이 홀로 쓸고 있구나
어찌하여 매일 번뇌가 없으리오만
그것은 부질없는 일이라 섬돌 계단이 미소 짓네

掃(소): 쓸다 / 晝(주): 낮 / 階(계): 층계, 섬돌, 계단 / 煩(번): 고민, 근심 / 惱(뇌): 괴로워할 / 每(매): 항상, 늘, 매일

思童(사동)

春時艾採(춘시애채)
夏時海泳(하시해영)
秋時莒採(추시거채)
冬時鳶天(동시연천)
全事我童(전사아동)
今思我生(금사아생)
同行與友(동행여우)
思夢心戀(사몽심련)

어린 시절 생각하니

봄에는 쑥을 캐고
여름에는 바다에 가 수영하고
가을에는 밭에서 감자를 캐고
겨울에는 하늘에 연을 날렸으니
이 모든 일들 나의 어린 시절이라
지금 생각해 보니 나의 인생이니
친구들과 함께 행한 일이기에
그리운 마음 꿈에서도 생각하네

艾(애): 쑥 / 採(채): 캐다, 따다 / 莒(거): 감자 / 鳶(연): 연, 방패연 / 戀(련): 그리움, 그리워할, 사모함

登矗石樓(등촉석루)

矗石樓秋見南江(촉석루추견남강)
有後樓古千里香(유후루고천리향)
有義岩無言近江(유의암무언근강)
論介祠堂唯君見(논개사당유군견)
立烏竹孤前祠堂(입오죽고전사당)
臥百日紅後祠堂(와백일홍후사당)
節論介千年流雲(절논개천년류운)
點香孤堂麗眉見(점향고당려미견)

촉석루에 오르니

촉석루에 올라 가을 날 남강 바라보니
누각 뒤 뜰에 옛부터 천리향 있고
누각 밑 강가에 말 없는 의암 있어
논개 사당에 군자만 오직 찾아왔네
사당 앞에는 외로이 오죽이 서 있고
사당 뒤에는 백일홍 누워 있네
논개 절개는 구름 따라 천년을 흐르고
외로운 사당에 향 피우니 고운 논개 눈썹 보이네

矗(촉): 우뚝 솟을, 우거진, 곧을 / 唯(유): 오직, 비록, 대답할 / 臥(와): 누울 / 節(절): 절개, 지조 / 點(점): 켤, 불을 붙임 / 麗(려) 곱다, 예쁘다, 빛나다

夏雨(하우)

夏雨聽心(하우청심)
我思古友(아사고우)
海島泳友(해도영우)
今日見鄕(금일견향)
草與牛遊(초여우유)
思戀其歲(사련기세)
長夏見星(장하견성)
夏雨波聲(하우파성)

여름 빗소리에

여름비 마음으로 들으니
나의 옛 친구들 생각 나고
섬 바다에서 친구와 수영하던
오늘도 고향이 보이네
초원에서 소 풀먹이며 놀던
그 세월이 그리워라
긴 긴 여름날 별도 보았으니
여름비는 파도 소리 같도다

聽(청): 들을 / 鄕(향): 고향, 시골, 마을 / 遊(유): 놀다 / 戀(련): 그리워할 / 波(파): 파도, 물결 / 聲(성): 소리

晝酒(주주)

仙飮晝酒心(선음주주심)
小飮夜無心(소음야무심)
仙足心少飮(선족심소음)
小似君無心(소사군무심)
大甁必捉手(대병필착수)
右手擧酒盞(우수거주잔)
左手擧醪缸(좌수거료항)
焉如仙小心(언여선소심)

낮에 술 마시는 모습이

신선은 낮에 마음으로 술 마시고
소인은 밤에 마음없이 술 마시네
신선은 술 적게 마셔도 마음 만족하고
소인은 군자 인 체 생각없는 마음이네
큰 술병 손에서 놓지 않으니
오른손에 술잔 들고
왼손에 막걸리 항아리니
어찌하여 신선과 소인 마음 같으리

晝(주): 낮 / 似(사): 흉내 낼, 같을 / 甁(병): 병, 단지 / 捉(착): 잡을, 붙잡을 / 醪(료): 막걸리, 탁주 / 缸(항): 항아리

不問答客(불문답객)

飛鳥薔花(비조장화)
不近針行(불근침행)
不知客道(부지객도)
何問道客(하문도객)
道人生問(도인생문)
一言必答(일언필답)
鵲笑見近(작소견근)
去不答客(거부답객)

나그네는 물음에 답 없이 가고

장미꽃에 날으는 새
가시에 가까이 하지 않는 행동하네
길 잃은 나그네에게
어찌 길 묻는 나그네
인생의 길을 물었다면
한 마디 말로 답했으리
까치가 옆에서 보고 웃으니
나그네 답 하지 않고 말없이 가고 있네

薔(장): 장미 / 針(침): 가시, 바늘 / 何(하): 어찌 / 鵲(작): 까치

茶香(다향)

我擧酒杯飮古歲(아거주배음고세)
汝擧茶杯飮玉香(여거다배음옥향)
過十五年如昨日(과십오년여작일)
茶飮眉汝古今同(다음미여고금동)

벗과 차 향기 맡으며

술잔 든 나 옛 추억을 마시고
찻잔 든 그대 구슬 같은 향기만 마시네
십오 년 지난 일 어제 같고
차 마시는 그대 눈썹 예나 지금 다름 없구나

擧(거): 들다, 손에 쥠 / 汝(여): 너,그대 / 昨(작): 어제, 과거 / 眉(미): 눈썹

曉書(효서)

曉作書全美(효작서전미)
戀女容見鄕(연녀용견향)
美顔眉思然(미안미사연)
無言雨春降(무언우춘강)

새벽에 글을 쓰니

새벽에 글을 쓰니 모든 것이 아름답고
님 모습 그리우니 고향 얼굴도 보이네
아름다운 얼굴 눈썹 그렇게 생각하니
봄비만 말없이 내리는구나

曉(효): 새벽, 밝을 / 戀(련): 그리워할, 사모할 / 顔(안): 얼굴 / 眉(미): 눈썹 / 降(강): 내릴

靑島夜月(청도야월)

朋好思心(붕호사심)
美言以情(미언이정)
海淸有笑(해청유소)
光世元淸(광세원청)

중국 청도의 밤 달 보며

마음과 생각이 좋은 벗이여
그 정으로 말 아름답게 하네
바다 맑고 웃음 또한 있으니
그 맑음 으뜸하여 세상 밝히소서

朋(붕): 벗, 친구 / 好(호): 좋을, 아름다울 / 笑(소): 웃음, 웃을

海金剛(해금강)

碧海坐獅海金剛(벽해좌사해금강)
白鷗飛見千年松(백구비견천년송)
獅見上同見下松(사견상동견하송)
友日月千年時長(우일월천년시장)

해금강에 오니

해금강 푸른 바다 위 사자 한 마리 앉았고
흰 갈매기 바위 절벽 천년송 보며 날으네
사자는 위로 향해 천년송을 보니 노송은 같은 시간 아래로 보고
해와 달 벗 삼아 천년 세월 하루와 다름 없네

碧(벽): 푸른, 짙은 푸른 빛 / 獅(사): 사자 / 鷗(구): 갈매기

山達天弓橋(산달천궁교)

我鄉山達島(아향산달도)
今日天弓橋(금일천궁교)
陸島人心連(육도인심련)
白鷗飛上橋(백구비상교)

산달 무지개 다리에서

나이 고향 산달섬에
오늘 무지개 다리 놓았네
육지와 섬 사람 마음 이어주니
무지개 다리 위로 흰 갈매기 날구나

天弓(천궁): 무지개 / 陸(륙): 뭍, 육지 / 連(련): 이을, 이어질, 붙을

秋談(추담)

今見秋葉聽自音(금견추엽청자음)
汝思我有孤葉秋(여사아유고엽추)
心見秋葉授受言(심견추엽수수언)
不變往來日日秋(불변왕래일일추)
汝笑眞言步上葉(여소진언보상엽)
我心眼已濕多淚(아심안이습다루)
汝不知我心不怨(여부지아심불원)
心容笑焉淚深流((심용소언루심류)

가을의 속삭임이

오늘 가을 낙엽 보며 자연의 음악 들으니
그대 생각 속에 내가 홀로 가을 낙엽 곁에 있구나
마음으로 가을 속 주고받은 말이
해마다 오고 가는 가을날에도 변함 없으리니
그대 웃으며 낙엽 위 걷고 하던 진실된 말
나의 마음과 눈에는 이미 눈물 젖어
나의 마음 모르니 원망 하지 않아도
마음과 얼굴에 미소 있으나 어찌 더욱 눈물 흘리지 않으리오

授(수): 주다 / 受(수): 받을 / 步(보): 걸을 / 濕(습): 축축할 / 淚(루): 눈물 / 怨(원): 원망할 / 焉(언): 어찌

老松下思(노송하사)

松下見天(송하견천)
鶴翼抱我(학익포아)
靑竹搖風(청죽요풍)
誰戀喜心(수련희심)
松食秋風(송식추풍)
竹見秋雲(죽견추운)
松似遊君(송사유군)
我松如心(아송여심)

노송 아래서 생각하니

소나무 아래에서 하늘 보니
소나무 가지 학의 날개처럼 나를 품어 주고
푸른 대나무 바람에 흔들리네
그 누구를 그리워하는 나의 기쁜 마음이니
노송은 가을 바람을 먹고
대나무는 가을 구름을 보는데
소나무는 군자인 양 놀고 있으니
나와 소나무 같은 마음이구나

翼(익): 날개 / 抱(포): 품을, 안을 / 搖(요): 흔들릴, 움직일 / 誰(수): 그 누구, 어떤 사람 / 似(사): 같을

曉心(효심)

曉雨降無聲(효우강무성)
何心無流淚(하심무류루)
坐獨書心士(좌독서심사)
開柴何來冬(개시하래동)
明燭無我心(명촉무아심)
孤獨登枝竹(고독등지죽)
白雲遲遞場(백운지체장)
起波時心靑(기파시심청)

새벽 마음에

새벽 비 소리없이 내리니
하염 없는 눈물 흘러
홀로 앉은 선비 글 쓰는 데
사립 문 열면 겨울 오려나
홀로 타는 촛불은 내마음 모르니
고독은 대나무 가지를 오른다
흰 구름 머무는 곳에는
푸른 마음 그때 파도 되어 일어나네

曉(효): 새벽 / 何(하): 어찌, 잠시, 왜냐하면 / 淚(루): 눈물 / 柴(시): 사립문, 울타리 / 燭(촉): 촛불 / 遲(지): 늦을, 더딜 / 遞(체): 머무를, 막힐

竹談(죽담)

我心言授行竹林(아심언수행죽림)
竹林我授言葉聲(죽림아수언엽성)
女書翰待告竹林(여서한대고죽림)
不爲虛思爲談冬(불위허사위담동)

대나무와 대화

대나무 숲에서 나의 마음으로 말 건네니
대나무 숲은 잎 바람 소리로 나에게 말하네
사모하는 여인의 편지 기다린다 하소연하니
부질없는 생각 말고 자기와 겨울 이야기 나누자 하는구나

授(수): 주다, 수여함 / 翰(한): 글, 문서, 편지, 새의 깃 / 虛(허): 실질이 없음, 공허, 헛될 / 談(담): 이야기, 이야기 할

統營港(통영항)

前舊正同父外家(전구정동부외가)
我買父鳶手喜心(아매부연수희심)
去五十年在今港(거오십년재금항)
我上首白髮坐含(아상수백발좌함)

통영항에 오니

구정 전에 아버지와 함께 외가에 왔을 때
아버지가 나에게 연을 사 주시고 내 손 보던 즐거운 마음은
오십 년 지난 지금도 통영항은 그대로인데
나의 머리 위는 백발이 머금고 앉았구나

鳶(연): 연 (날리는 연) / 髮(발): 머리털 / 含(함): 머금을, 품을, 넣을

行小眞(행소진)

多人步行道(다인보행도)
道不知有瞬(도부지유순)
小眞隨行頻(소진수행빈)
大笑知無煩(대소지무번)

작은 진실을 행하면

수많은 사람 가는 길을 가면
도를 알지 못함은 한순간이요
작은 진실을 자주 행하면
번뇌 없음을 알고 큰 미소 지으리

步(보): 걸을, 걸음 / 瞬(순): 순간, 단시간 / 頻(빈): 자주, 여러번 잇달아 / 隨(수): 따를 /
煩(번): 번뇌, 번민

有谷(유곡)

有谷無見近(유곡무견근)
秋遠來近冬(추원래근동)
冬不心汝我(동불심여아)
心心與見陽(심심여견양)

계곡 있으니

계곡 있어도 가까운 곳 보지 못하고
가을 멀고 겨울 가까이 오니
추운 겨울 너와 나의 마음 아니라도
마음과 마음 주는 것을 태양은 보고 있네

近(근): 가까울 / 遠(원): 멀 / 汝(여): 너 / 與(여): 줄, 더불어

松枝臥林(송지와림)

潭溪靜松林(담계정송림)
然過行雲衆(연과행운중)
不問松枝坐(불문송지좌)
枝松地接向(지송지접향)

소나무 가지 숲 속에 누워

깊은 계곡 고요한 숲속
우연히 지나가는 구름 무리는
묻지도 않고 솔가지에 앉았는데
솔가지 땅에 닿은 듯 쳐다만 보네

臥(와): 누울, 눕다 / 潭(담): 깊을, 물 깊은 곳 / 溪(계): 시내 / 靜(정): 고요할, 청결함 /
然(연): 그럴, 그렇게 하면 / 過(과): 지나, 지나칠, 거치어 감 / 接(접): 이을, 가까이할

黃梅山行(황매산행)

見東臥岩如龍(견동와암여룡)
仙心龍畵紙雲(선심룡화지운)

황매산에 오니

동쪽 보고 누운 바위 용의 형상이요
신선이 마음으로 구름 종이에 용 그림을 그렸구나

臥(와): 누울, 쉴 / 畵(화): 그림, 그릴 / 紙(지): 종이

見燭(견촉)

深夜有獨(심야유독)
不見淚心(불견루심)
裏心淚流(이심루류)
焉有誰知(언유수지)
我對坐燭(아대좌촉)
我心知思(아심지사)
無言淚淚(무언루루)
我笑淚止(아소루지)

촛불을 보니

깊은 밤 홀로 있어도
마음의 눈물 보이지 않네
마음 속 흐르는 눈물
어찌 그 누가 알 수 있으리오
나와 마주 앉은 촛불은
나의 마음 생각 알고 있구나
말없이 눈물만 계속하여
내가 미소 지으니 촛불은 그 눈물 그치네

淚(루): 눈물 / 裏(리): 속, 깊숙한 / 焉(언): 어찌 / 誰(수): 누구, 어떤 사람 / 對(대): 마주 볼

鳥聲(조성)

有親鵆歌樂(유친행가락)
無親鳲聲哀(무친시성애)
鳥衆各差聲(조중각차성)
焉親深心愛(언친심심애)

새 소리 들어 보니

부모 있는 참새들은 즐거이 노래하고
부모 없는 뻐꾸기는 슬퍼하는 소리 한다
무리 지은 새들의 소리 각각 다르나
어찌 부모님의 자식 사랑한 그 마음 깊고 깊지 않으리오

鵆(행): 참새 / 鳲(시)뻐꾸기 / 差(차): 틀림, 약간 / 深(심): 깊을, 매우

少思鄉隣(소사향린)

深秋夜思故鄉隣(심추야사고향린)
靑野鄉兄草牛食(청야향형초우식)
何虛無歲月推背(하어무세월추배)
如雲流時笑引前(여운류시소인전)
少時視月故鄉女(소시시월고향녀)
春過六十回如我(춘과육십회여아)
夏日夜眠蛉草田(하일야면령초전)
遊食杜鵑花春山(유식두견화춘산)

어릴 때 고향 이웃 생각

가을 밤 깊어 고향 이웃 생각하니
푸른 언덕에서 고향 형과 소에게 풀을 먹였지
어찌하여 덧없는 세월이 등을 밀고
구름 같이 흐르는 시간은 웃으면서 앞에서 당기네
어릴 때 고향 달 보던 소녀는
나와 같이 봄을 육십 번을 지냈으리
여름날 밤에는 풀밭에 잠자리가 누워 자고
봄이 온 산에서 진달래 먹고 놀았구나

深(심): 깊을 / 隣(린): 이웃 / 推(추): 떠밀다 / 背(배): 등 / 蛉(령): 잠자리 / 杜鵑花(두견화): 진달래꽃

月與酒仙(월여주선)

汝與杯月心心酒(여여배월심심주)
月我勸笑思思酒(월아권소사사주)
月授盞必滿仙酒(월수잔필만선주)
月仙與酒小小杯(월선여주소소배)
仙見小杯月食已(선견소배월식이)
不知與月勸前食(부지여월권전식)
我容顏紅花走馬(아용안홍화주마)
月容如李笑手杯(월용여리소수배)

달이 신선에게 술 주네

그대가 달에게 마음의 술잔 주니
달은 나에게 웃으며 생각의 술 권하고
반드시 달은 가득찬 신선주 주는데
작고 작은 잔을 주니
신선이 보니 달이 이미 먹고 작은 잔이니
달이 먼저 먹고 권함을 알지 못하네
나의 얼굴은 달리는 말처럼 붉은 꽃인데
달의 얼굴은 복사꽃인 양 손에 잔 들고 웃고 있구나

杯(배): 잔, 술잔 / 盞(잔): 작은 술잔 / 容顏(용안): 얼굴 / 走(주): 달릴, 빨리 달려갈

靑山見雲(청산견운)

底雲飛上山(저운비상산)
高山見流雲(고산견류운)
白雲隨友遊(백운수우유)
微不動靑山(미부동청산)

푸른 산은 구름 보네

낮은 구름은 산 위로 날고
높은 산은 흘러가는 구름 보네
흰 구름 친구 따라 놀고
푸른 산 조금도 움직이지 않네

底(저): 낮을 / 隨(수): 따를, 따라감 / 遊(유): 놀, 놀다 / 微(미): 작을

獨鶴(독학)

仙老松下行小路(선로송하행소로)
上枝老松坐白鶴(상지노송좌백학)
長喉引行孤仙言(장후인행고선언)
焉君子步行獨問(언군자보행독문)
老仙言微笑松鶴(노선언미소송학)
何汝鶴問不知獨(하여학문부지독)
笑鶴又獨言言仙(소학우독언언선)
我今同汝態老仙(아금동여태로선)

외로운 학

신선이 노송 아래 작은 길 걸어가니
노송 위 가지에 하얀 학 앉았네
긴 목을 당기며 외로운 신선에게 말하기를
왜 혼자 걸어 가는가 묻는다
늙은 신선 미소로 소나무 학에게 말하기를
어찌 학 너는 혼자 인 줄 알지 못하는고 하니
학은 웃으며 또 신선에게 혼잣말 하는데
늙은 신선 그대 모양 지금의 자기 모습같다 하는구나

喉(후): 목구멍 / 引(인): 당길, 끌어당김 / 焉(언): 어찌, 왜 / 步(보): 걸을 / 態(태): 모양, 모습

秋夕前日(추석전일)

我秋夕前買子屨(아추석전매자구)
子滿歌喜踊遊地(자만가희용유지)
我母古買統營場(아모고매통영장)
今思我容必笑時(금사아용필소시)

추석 전날에

추석 전날 나의 아들에게 신발 사주었더니
아들 충분히 기뻐 노래하며 마당에서 놀면서 뛰는구나
옛날 나의 어머니도 통영장에서 나의 신발 사주었으니
지금 생각하니 그때도 나의 얼굴에 미소 있었지

屨(구): 신, 가죽신 / 踊(용): 뛸, 춤출 / 買(매): 물건을 사다 / 容(용): 얼굴, 모습

谷菊(곡국)

深谷秋裏一花菊(심곡추리일화국)
誰不見粧獨黃衣(수불견장독황의)
靑淸天見往小雲(청청천견왕소운)
世長長開花菊知(세장장개화국지)

국화 한 송이 계곡에

가을 속 깊은 계곡 국화 한 송이
그 누가 보지 않아도 홀로 노란 옷 단장했네
푸르고 맑은 하늘을 지나가는 작은 구름이 보고 있음을
긴 긴 세월 피고 지는 국화는 알고 있구나

深(심): 깊을 / 裏(리): 속, 깊숙한 / 誰(수): 누구 / 粧(장): 단장할, 화장 / 往왕(왕): 갈, 가다, 향하다

白波(백파)

見間老松海金剛(견간로송해금강)
白波作多花抱長(백파작다화포장)
白抱姿態遊九龍(백포자태유구룡)
坐海獅巖談老松(좌해사암담노송)

하얀 파도는

노송 사이로 해금강 바다 보니
하얀 파도는 꽃처럼 긴 물거품 많이도 만들었네
그 하얀 물거품 모양 아홉 용이 노는 모습이고
바다 위 앉은 사자바위 천년송과 이야기 주고 받네

波(파): 물결, 파도 / 抱(포): 물거품 / 姿(자): 모습 / 態(태): 형상, 몸짓 / 遊(유): 놀다 / 獅(사): 사자 / 談(담): 이야기

恕心(서심)

昨善心德(작선심덕)
今來恩惠(금래은혜)
我心容恕(아심용서)
學夫時童(학부시동)
生活事恕(생활사서)
江沙多焉(강사다언)
雲雨後降(운우후강)
如見日明(여견일명)

용서하는 마음은

어제 마음의 덕을 베풀었더니
오늘 은혜되어 돌아 오네
용서하는 나의 마음은
어릴 때 나의 아버지에게서 배웠네
살아가며 용서할 일
어찌 강가의 모래보다 많으리오
구름 끼고 비 내린 후
밝은 해 보는 것 같구나

恕(서): 용서할, 관대히 보아줌 / 昨(작): 어제 / 焉(언): 어찌 / 降(강): 내릴

思女歌(사녀가)

見春花女容心忽(견춘화녀용심홀)
女人爲君美聲高(여인위군미성고)
時春時秋玉香眞(시춘시추옥향진)
今不聽過聲琴高(금불청과성금고)

님의 노래 생각하며

봄 꽃 바라보니 문득 님의 얼굴 내 마음에
님은 나를 위한 아름다운 소리 높였고
봄에는 봄 노래 가을이면 가을 노래 참 구슬 향기였구나
이제 들을 수 없는 지난 날의 높은 거문고 소리

忽(홀): 문득 / 聽(청): 들을 / 琴(금): 거문고

老家海談(노가해담)

大身老人會長稱(대신로인회장칭)
小身老人書記名(소신로인서기명)
醉酒老權爲拍手(취주로권위박수)
思少時老願水泳(사소시로원수영)

노인의 집 바닷가 이야기

몸이 크신 노인은 회장이라 말하고
몸이 작은 노인은 서기라 이름했네
술 취한 노인 박수 치자 권하고
어린 시절을 생각한 노인 수영하자 원하는구나

談(담): 이야기, 농담 할 / 稱(칭): 일컬을, 말함 / 醉(취): 취할, 술에 취함 / 拍(박): 칠, 두드릴

詩鄕(시향)

白鷗遊玉珠海水(백구유옥주해수)
來詩人生家無人(내시인생가무인)
心不變時虛流流(심불변시허류류)
靑山深溪作詩人(청산심계작시인)

시인의 마을

흰 갈매기 노는 모습 바다에 옥 구슬
시인 생가에 오니 사람은 없고
마음은 그대로인데 시간은 허무하게 흐르고 흘러
푸른 산 맑은 계곡이 시인을 만들었네

鷗(구): 갈매기 / 虛(허): 빌, 아무것도 없음, 텅 빈 / 深(심): 맑음, 깊을 / 谿(계): 시내, 산골짜기 물

霧鷗(무구)

望山飛獨鷗(망산비독구)
霧友作遊山(무우작유산)
紅門來柴扉(홍문래시비)
接翼草屋溫(접익초옥온)

안개와 갈매기

먼 산 바라보며 날으는 외로운 갈매기가
안개를 친구 삼아 이 산 저 산 노닐다가
분홍문 사립으로 돌아와
따듯한 초가집에 날개를 접는구나

舞(무): 안개 / 柴扉(시비): 사립문 / 翼(익): 날개, 새의 날개 / 草屋(초옥): 초가집

龜蝓(구이)

見葉獨遊龜見路(견엽독유구견로)
白路步見觀山川(백로보견관산천)
龜心樂作蝓路示(구심락작이로시)
蝓坐老松笑友見(이좌노송소우견)

거북이와 달팽이

낙엽 위 혼자 놀던 거북이는 길을 보았네
하얀 그 길 걸어서 산천 보며 구경하고
거북이는 달팽이가 만든 하얀 길 보며 마음이 즐거운데
달팽이는 노송에 앉아 친구 본 듯 미소 짓네

龜(구): 거북이 / 蝓(이): 달팽이 / 步(보): 걸을, 발걸음 / 觀(관): 볼, 경치를 봄

半月霞(반월하)

青草臥擧首(청초와거수)
晝半月遊天(주반월유천)
霞友月夕日(하우월석일)
青柳枝霞見(청류지하견)

반달과 노을

푸른 풀밭에 누워 머리 드니
낮인데 반달이 하늘에서 노네
노을은 저녁에 달과 친구 되었고
푸른 버들가지는 노을을 바라본다

霞(하): 노을 / 臥(와): 누울 / 晝(주): 낮 / 柳(류): 버들, 버드나무 / 枝(지): 가지

霧春夢(무춘몽)

裏霧見山士如冠(이무견산사여관)
鷄如翼見冠後松(계여익견관후송)
霧間飛鶴行隨友(무간비학행수우)
高聲波士散春夢(고성파사산춘몽)

안개 속 봄 꿈

안개 속 산 보니 선비 갓 같고
갓 뒤 소나무 닭 날개 같으니
안개 사이로 날으는 학은 친구 따르는데
높은 파도 소리는 선비의 봄 꿈 흩어지게 하는구나

霧(무): 안개 / 裏(리): 속, 깊은곳 / 鷄(계): 닭 / 翼(익): 날개 / 波(파): 물결, 파도 / 散(산): 흩어짐, 흩뜨림

行沙等面所(행사등면소)

青年時事勤(청년시사근)
春千里香木(춘천리향목)
秋畓助老有(추답조로유)
思見古今目(사견고금목)

사등면사무소에 오니

청년 시절 근무하던 일
봄에는 천리향 나무
가을에는 노인 있는 논에서도 일 도왔네
생각하니 예나 지금이나 눈에 보인다

所(소): 관아, 곳, 위치 / 事(사): 일, 생업, 임무 / 畓(답): 논 / 助(조): 도울

眞言(진언)

見, 勝眞言敗虛言(견승진언패허언)
光眞言虛言有巖(광진언허언유암)
見花如虛言欺人(견화여허언기인)
何, 眞言花非後巖(하진언화비후암)

진실된 말은

보아라, 진실된 말에 거짓된 말이 패하는 것을
거짓된 말 바위 뒤에 있고 진실의 말 빛나는 데
거짓말은 사람 속이는 꽃처럼 보인다
어찌, 참된 말은 바위 뒤에 있는 꽃이리오

敗(패): 패할, 무너질 / 虛(허): 빌, 헛될, 아무것도 없음 / 欺(기): 속임, 거짓, 기만 / 非(비): 아닐, 그렇지 아니함

見無谷(견무곡)

飛鷗形見心(비구형견심)
一字中間曲(일자중간곡)
客酒幕近路(객주막근로)
腰山霧無谷(요산무무곡)

계곡은 보이지 않네

갈매기 날으는 모습 마음으로 보니
한일 자가 중간에 굽었구나
길 옆 주막에 손님 되었더니
산허리 안개 때문에 골짜기 보이지 않네

形(형): 형상, 용모 / 曲(곡): 굽을, 휨 / 幕(막): 장막, 천막, 사막 / 路(로): 길 / 腰(요): 허리

登大錦山(등대금산)

大山全綠有錦伸(대산전록유금신)
見左海右峯花遊(견좌해우봉화유)
冬雪有必白錦山(동설유필백금산)
春思紅白花山有(춘사홍백화산유)

대금산에 오르니

큰 산 모두 초록 비단 펴 있고
왼 쪽에는 바다 오른쪽에는 산봉우리에 꽃이 놀고 있네
눈 온 겨울에는 반드시 하얀 비단 산
봄에는 붉고 흰 꽃이 산에 있으리 생각하네

綠(록): 초록 / 錦(금): 비단 / 伸(신): 펴다, 늘리다, 진술하여 말하다 / 峯(봉): 산봉우리 / 紅(홍): 붉을, 붉은 꽃

雲之(운지)

統營海港見大月(통영해항견대월)
客酒飮香美擧酒(객주음향미거주)
上波去雲問友笑(상파거운문우소)
何, 故鄕言他鄕躊(하고향언타향주)

구름 가듯이

통영 항구에서 둥근 달 보고
손님되어 향기로운 아름다운 술잔 들고서
파도 위로 구름 가듯이 웃으며 친구에게 물으니
어찌, 타향을 고향이라 머뭇거리며 말하는고

擧(거): 들, 손에 쥠 / 何(하): 어찌, 감탄사 / 躊(주): 머뭇거림, 망설임

見蘭(견란)

少年時節爲不讀(소년시절위불독)
老人爲時必亂苦(노인위시필란고)
少年爲時晝夜讀((소년위시주야독)
無後悔見玉蘭好(무후회견옥란호)

난초를 보라

어린 시절에 독서 하지 않으면
나이 들어서 반드시 고생하네
어릴 때 밤낮으로 독서 많이 하면
후회없이 아름다운 구슬 맺은 난초를 보게 되리

蘭(란): 난초 / 爲(위): 행할, 배울, 학습함, 될 / 讀(독): 읽을, 소리내어 읽음 / 亂(란): 어려울 / 苦(고): 근심, 걱정, 괴로워 할 / 悔(회): 뉘우칠, 후회할 / 好(호): 아름다울, 좋을, 화목할, 기뻐할

仙扇行(선선행)

夏日仙多愁(하일선다수)
左手動扇長(좌수동선장)
去客心見扇(거객심견선)
扇畵見竹靑(선화견죽청)

신선 부채 들고 가는데

여름 날 신선 수심이 많아
왼손에 긴 부채를 움직이니
지나가는 나그네 마음으로 부채를 보는데
부채에 그려진 푸른 대나무만 보는구나

扇(선): 부채, 부채를 부침 / 畵(화): 그림

湖畔(호반)

來湖畔好氣(내호반호기)
上水松影與(상수송영여)
起波姿態麗(기파자태려)
白波鶴翼如(백파학익여)

호숫가에 오니

호반에 오니 좋은 기운 있고
물 위 소나무는 그림자 모습 함께 하네
물보라 일어 그 자태 고와
흰 물결은 학의 날개 같으네

畔(반): 물가, 경계 / 氣(기): 수증기 모습, 기운, 공기 / 影(영): 그림자, 모습 / 姿(자): 맵시, 모습, 풍취, 바탕 / 翼(익): 날개, 새의 날개

霧中豹口(무중표구)

高山深溪(고산심계)
海降寂雨(해강적우)
霧中容豹(무중용표)
有無集散(유무집산)
長長世然(장장세연)
過世長短(과세장단)
無答豹山(무답표산)
近聽霧言(근청무언)

안개 속 표범 입

높은 산 깊은 계곡
바다에 고요한 비는 내리고
한 개 속 표범의 얼굴
있다가 없고 모였다 흩어지니
길고 긴 세월 그러하였으리
지난 세월 길고도 짧아
산의 표범은 물어도 대답 없어
가까이에서 들으니 말은 안개가 하네

豹(표): 표범 / 降(강): 내릴 / 寂(적): 고요할 / 然(연): 그럴, 그리하여

鹿淸眼(녹청안)

無塵淸鹿眼(무진청록안)
時然思故鄕(시연사고향)
無言立二耳(무언립이이)
言心麗鼻動(언심려비동)

사슴의 맑은 눈

티 없이 맑은 사슴 눈
가끔 그리운 고향 생각에
말없이 두귀 세우고
고운 코 움직이며 마음으로 말을 하네

鹿(록): 사슴 / 塵(진): 티끌, 먼지 / 麗(려): 고울, 아름다움, 예쁨 / 鼻(비): 코

夏風(하풍)

暑夏日起寒風來(서하일기한풍래)
勤木爲人汗腹寒(근목위인한복한)
耕農夫寒背首爲(경농부한배수위)
田苗植女人來手(전묘식여인래수)
少童放學一學年(소동방학일학년)
心喜去谷村外家(심희거곡촌외가)
減十里路近外家(감십리로근외가)
紅顏小鼻汗洗手(홍안소비한세수)

여름 바람

더운 여름 날 서늘한 바람 불어오니
부지런한 나무꾼 땀나는 배 서늘하네
밭 가는 농부 머리와 등 시원하게 하고
밭에 싹 심는 여인 손등에도 오네
방학 맞은 어린아이는 일 학년
기쁜 마음 시골집 외가에 가네
십리 길은 줄어들고 외갓집 가까워지는데
붉은 얼굴 작은 코를 땀으로 세수한다

暑(서): 더위,더울 / 汗(한): 땀 / 服(복): 배 / 耕(경): 밭갈,농사에 힘씀 / 背(배): 등 / 苗(묘): 싹,곡식 / 顏(안): 얼굴 / 鼻(비): 코

玉花(옥화)

雪中開梅花(설중개매화)
枝端有白珠(지단유백주)
女心相遠有(여심상원유)
待戀思終無(대련사종무)

꽃에 구슬이 피었네

눈 속에 매화꽃 피었는데
가지 끝에 하얀 진주 있네
여인과 마음 서로 멀리 있어도
기다리며 생각으로 사모함은 끝이 없도다

端(단): 끝, 가장자리, 바를 / 遠(원): 멀, 멀리 / 待(대): 기다릴, 기다림 / 戀(련): 사모할, 그리움 / 終(종): 끝날, 끝

母, 我母(모, 아모)

春岸艾採好味湯(춘안애채호미탕)
夏暑夜蓋凉麻衾(하서야개량마금)
秋莒採釜烹田黃(추거채부팽전황)
冬寒夜蓋木花衾(동한야개목화금)

어머니, 나의 어머니

봄에 언덕에서 쑥 캐어 맛있는 좋은 국 끓여주시고
여름에 무더운 밤 시원한 삼베 이불 덮어주셨고
가을에 황토밭에서 감자 캐어 솥에 삶아 주고
겨울에 추운 밤 목화 솜 이불 덮어 주셨네

岸(안): 언덕 / 艾(애): 쑥 / 湯(탕): 끓이다 / 蓋(개): 덮다 / 凉(량): 서늘하다 / 衾(금): 이불 / 莒(거): 감자 / 烹(팽): 삶다

신철수 한시선 문학론

바이칼호수 돛단배 미학성

♦ 신철수 한시선 문학론

바이칼호수 돛단배 미학성

신상성 (문학평론가·서울문예디지털대 초대총장)

1. 신철수 한시 개성과 특징

〈옥산 신철수 한시선〉玉山 申澈守 漢詩選 선집이 드물게 빛을 보게 되었다. 전문적이고 전통적인 漢詩는 이제 극히 드물다. 조선시대 말기 이건창, 김택영, 황현 등을 끝으로 거의 함몰된 한시는 갑오경장 이후 대한민국으로 접어들면서 근대적 산업화라는 시대적 변화와 함께 밤안개처럼 사라졌다.

정형적 고전 한시와 현대적 자유시 사이의 징검다리는 신체시이다. 최근 문헌에서 확인 신체시는 이승만의 1898년 협성회보신문에 발표한 '古木歌'이다. 연세대 허경진 교수의 논문이다. 최남선보다 약10년 앞선 신체시이다. 사실상 이승만 대통령은 서대문 감옥에 있을 때 써 모은 한시를 출옥 후 '한시집'으로 출간한 시인이기도 하지만 정치인으로만 표상되어 왔다.

이후 한시는 이은상, 한용운, 이병기 등에 의해 겨우 명맥을 이어오다가 6.25 이후 거의 전멸되었다. 다만 교과서 등에 도연명, 이백, 두보 등의 한시와 함께 해설되는 정도이다. 이런 공백상황에 申澈守의 한시집은 존재의미가 돋보인다. 이 시집에는 총 220편의 작품이 계절별로 크게 4개 챕터로 분류되었다.

1.思春梅(사춘매)-봄·매화 생각, 2.思夏蘭(사하란)-여름·난초 생각, 3.思秋菊(사추국) -가을·국화 생각, 4.思冬竹(사동죽)-겨울·대나무 생각 등으로서 시풍은 토속적 정한의 전통 정서이다. 한국의 산천경개를 배경으로 하는 수묵 산수화 같다. 특히 작가의 고향 거제도를 중심으로 하는 인문지리학적 특징이다.

시 정신은 유교적 충효사상에 강력한 뿌리를 두고 있다. 이 시집 전체를 통관하는 주제는 회고, 향수, 충효 등에 방점이 찍혀 있다. 특히 陶淵明의 자연사상과 李白의 낭만적 여유 그러면서 杜甫의 서민적 고통과 애절함도 두루 잠재되어 있다.

형태면에서도 한시의 엄격한 정형틀과 押韻 등에 잘 운용되어 있다. 5언/7언 절귀, 율시, 고체시까지 자유분방하게 넘나들고 있다는 것은 이 분야 어떤 천재성도 엿보이고 있다. 金時習, 李退溪, 丁若鏞 류의 형상학적 환상성이다. 한시는 어떤 천부적 기질이 아니고 자전적 지식만으로는 한계이다.

형태는 중국 전통 한시이지만 내용은 한국 특유의 정서와 시베리안 샤머니즘의 철학성을 내포하고 있다. 그런기준에서 신철수의 한시는 漢詩와 韓詩를 구분하기도 한다. 형태는 같지만 내용과 주제성은 대조적이다.

잔국 詩壇에서 지역적으로 '거제 詩壇'이 좀 특별하다. 인문지리학적으로 거제는 전통적으로 시 문학이 강하다. 고려시대 鄭敍 이후 유배 내려온 유명한 선비들이 많았다. 특히 조선시대에는 폭증하여 유배문학적 시와 가사가 강진과 함께 좀 유난하였다. 몇 년 전에는 거제시에서 고전문학연구가 고영화가 중심이 되어 한문학사적 '거제유배문학총서'를 발간하였고, 당시 양재성 거제문협회장은 한국문협의 '한국문학심포지엄'을 거제시로 유치, 유배문학세미나(주제:정과정곡) 행사를 주관하면서 참석한 전국의 300여 문인들에게 '거제유배문학총서'를 배포하였다.

오래전부터 '거제시문학'을 이끌고 있는 양재성 시인의 문학적인 헌신과 열정은 거제를 '詩의 도시'로 지속시키는 텃밭이 되고 있다. 한 개인의 노력이 주변 시인들은 물론 주민들에게도 삶의 질을 향상시키는 꽃길이 되고 문학적 바다 양어장 역할도 된다. 그는 유치환 이후 고향 거제를 '蒔鄕'으로 이슈화 시켜 나가는 중핵이 되고 있다. 이번 신철수의 '옥산 한시선'도 양재성의 '지심도' 등 詩魂에 많은 영향을 받은 것 같다.

2. 바이칼호수 돛단배의 미학성

동양사상의 시적 정서는 대개 기원전 4세기 屈原(BC343~278)의 〈楚辭〉에서 시작되었다고 본다. 이후 발전된 시 형태로 나타난 것이 漢詩이다. 한국의 경우 한시적 정형성이 時調로 연결되어 지금까지 활발하게 전개되고 있으며 일본의 경우 명언 구절 같은 短詩 형태로 이어져 오고 있다.

서양 시 사상은 기원전 8세기 호메로스Homeros의 〈일리아드와 오딧세이〉에서 그 단초를 잡을 수가 있다. 서양 시 정신의 뿌리는 서사시 형식이다. 동양의 한시가 단편적이면서 정곡을 찌르는 독수리 타법이라면, 서양의 서사시는 장편적 이야기 스토리텔링 형식이다.

동양사상 가운데 한국 시 사상의 원천은 '公無渡河歌'이다. 이 노래의 영혼은 〈天符經〉에서 솟구친 것이다. 즉 檀君의 시베리안 샤머니즘 즉 弘益思想에서 흘러내린 것이다.

(1) 봄 — 思春梅(사춘매) 봄·매화 생각

  春雨草(춘우초)
  思母聲春雨(사모성춘우)
  思父春草見(사부춘초견)
  見春雨草心(견춘우초심)
  親思每年年(친사매년년)

  봄비에 풀 돋아나고
  봄비 소리 들으니 어머님 생각나고
  봄 새싹 보니 아버님 생각 나네
  봄비 봄풀 마음으로 보니
  해마다 부모 생각뿐이로다

'春雨草'(봄비에 풀 돋아나고)는 '5언절귀' 한시로서 봄날이 되니 돌아가신 부모님 생각이 간절하다는 孝 정신이다. 한시는 엄격한 형태적, 대비적, 율격적이어야 한다. 예컨대, 기승전결, 平上去入(四聲) 그리고 댓귀, 압축, 절제미가 함축되어 있어야 한다. 형식과 내용이 치밀하다. 그래서 공자는 '자전적 한자지식과 철학이 있어야 한시를 지을 수 있다'고 했다. 이러한 한시의 엄중함을 전제로 다음 '春雨草'를 감상해 보자.

①앞뒤 두 단락 구절은 敍景과 抒情을 대조시키었다. '思母聲春雨/ 思父春草見'(봄비 소리 들으니 어머님 생각나고/ 봄 새싹 보니 아버님 생각 나네)' 봄비와 새싹, 자연의 경치를 앞세웠다. 앞의 두 구절은 서경적이며, '見春雨草心/ 親思每年年'(봄비와 봄풀 마음으로 보니, 해마다

부모 생각뿐이로다) 뒤 두 구절은 봄비와 봄풀을 보니 돌아가신 부모님 생각이 간절하다는 정서를 서정으로 풀어내었다.

②맨 끝 네 구절 한자 脚韻의 모음이 '雨/見/心/年'(우/여/이/여) 모음의 반복성으로 운율을 맞추었다. 또한 平上去入(四聲)에 맞추어 은하수 같은 한자 자전에서 각운에 맞는 글자를 採字해온 것이다.

③'春雨草'이렇게 시 전체 내용이 형태적, 내용적으로 댓귀이면서 압축성과 절제미가 잠재되어 있다. 글자, 낱말, 구절 등이 대조적이며 전체적으로 시적 미학성이 탁월하다. 봄날이 되어 봄비와 봄풀을 보니 부모님도 생각나지만 해마다 '봄'이 오면 또 우주만물이 새롭게 환생하는 생명감과 대자연의 섭리를 암시하는 것이다.

수묵 산수화 같은 '춘우초'에서 우리는 전율하는 동양철학의 샤머니즘적 깨달음을 감지할 수 있다. 단순한 음양의 한국적 수묵화는 화려한 원색의 서양 유화에서는 볼 수 없는 깊은 사유와 바이칼호수 돛단배 같은 동영상을 연상할 수가 있다. 태평양 같은 호수 위에 바람 따라 흔들려 가는 종이배를 철학성을 확장할 수 있겠는가.

다음의 5언율시 '老仙釣月'의 한시적 율격성은 더욱 엄격하면서도 주제성이 강하게 나타났다. '老仙釣月'(늙은 신선 달빛 낚고)는 가장 동양적 초월의 사유이다.

'老仙釣月'(노선조월)
老仙行心釣(노선행심조)/ 思月好比漁(사월호비어)
前釣魚醉月(전조어취월)/ 草影月柴門(초영월시문)

少仙待草家(소선대초가)/ 思多魚同仙(사다어동선)
無魚手歌仙(무어수가선)/ 有月心仙滿(유월심선만)

'늙은 신선이 마음으로만 낚시하러 가는데/ 생각해보니 물고기보다 달이 더 좋구나
/ 낚시하기도 전에 달빛에 먼저 취했구나/ 초가집 비추는 달은 사립문에 달빛 그림자 만들고
/ 어린 신선은 초가집에서 기다리며/ 많은 물고기와 늙은 신선이 함께 오겠지 생각하는데
/ 노래하며 들어오는 신선 손에는 물고기는 없고/ 신선은 마음 속에 달빛만 가득담아 오는구나

'老仙釣月'의 명창은 '無魚手歌仙, 有月心仙滿' 마지막 댓귀에서 전율한다. '노래하며 들어오는 신선(아버지) 손에는 물고기가 없고, 마음 속에 달빛만 가득담아 귀가하는구나' 속물적 세상에 대한 욕심을 초월하고 낚시물고기 대신 달빛만 가득 담아 귀가한다는 법정의 '무소유' 행복이다.

신철수는 李白을 불러 어깨동무하며 같이 시로서 주거니 받거니 달과 술과 그림자와 초월적인 시공을 가지고 노는 것같은 여유이다. 다음에서 이백의 '월하독작'月下獨酌을 비교하여 음미해 보자.

'꽃 속에 한동이 술을 놓고/ 친구도 없이 홀로 대작한다/ 술잔 들어 밝은 달 초대하여/ 그림자와 더불어 셋이 되었네/ 달은 원래 술 마실 줄 모르고/ 그림자는 그저 내 몸을 따를 뿐// 잠시 달과 그림자와 짝을 이뤄/ 봄철 맞아 한때를 즐겨 보려네/ 내가 노래하니 달이 배회하고/ 내

가 춤추니 그림자 너울대네/ 깨어서는 같이 사귀어 즐기지만/ 취해서는 각자 나뉘어 흩어지네/ 무정한 이 만남 영원히 맺고 싶어/ 아득한 저 은하수에서 다시 만나세'

(2) 여름 — 思夏蘭(사하란) 여름·난초 생각

한국 한시의 시작은 고조선의 고체시 '공무도하가' 고구려 유리왕의 황조가, 을지문덕의 여수장우중문시, 정법사의 영고석 등이 있다. 신라 최치원의 〈추야우중〉 등 문집이 있고, 발해시대는 양태사의 야문수의 성 등이 있으며 고려, 조선시대 말까지 주로 상류 양반 층에서 널리 불려졌다. 홍만종의 〈詩話叢林〉 시집 모음은 조선 중기까지 24권의 시화집으로서 대표적 단행본을 집대성한 것이다.

과거 진사시에서는 科詩(한시) 과목도 있었다. 문인 사대부들에게 한시 창작은 신분적 위신이었으며 필수적 교양이었다. 계층적 교류와 소통에도 불가결한 수단이었다. 16세기부터는 사대부들의 한시가 여성 또는 기생들의 한시 또는 한글시조와 함께 창작되거나 한글로 번역되어 불리기도 했다. 허난설헌, 신사임당 등 상류 집안 여인들과 황진이, 이매창 등 예술과 시조에 능한 기생들도 많았다.

〈古文眞寶〉는 중국 주나라에서 송나라에 이르는 명문 漢詩 모음집으로서 사대부들의 사서삼경과 함께 필수과목이었다. 이러한 역사적 맥락 속에서 玉山은 '여름'을 노래했다. 웃옷을 훌렁 벗고 혹한의 여름에 신철수는 바다 갈매기를 불러내었다. 5언율시 '鷗談'(갈매기와 대화)의 각운도 탁월하다. 앞뒤 4귀절씩 '아/우/우/어'의 사성이 한자 천재성을 발휘하였다.

鷗談(구담)

鷗見士爲談(구견사위담)

士近海爲友(사근해위우)

問鷗何有憂(문구하유우)

士無言笑見(사무언소견)

波聲開耳士(파성개이사)

小島言爲友(소도언위우)

鷗高飛和雲(구고비화운)

心士不喜焉(심사불희언)

(갈매기와 대화)

갈매기가 선비 보고 이야기 나누자 하니

선비는 바닷가에서 친구 되었네

갈매기는 선비 보고 무슨 걱정 있냐 물으니

선비는 말 없이 미소만 짓네

파도 소리 선비 귀를 열게 하니

작은 섬도 친구 되고자 하네

높이 날으는 갈매기 구름과 어울리니

어찌 선비 마음 기쁘지 않으리

선비가 바닷가에서 갈매기, 파도, 섬, 구름 등 대자연과 벗하며 잠깐이나마 세속을 벗어나 여유를 갖고자 하는 시간이다. '갈매기가 시무룩한 선비를 보고 꾸르륵 재미있는 이야기나 나누자고 하니/ 선비는 바닷가에서 금방 친구가 되었네/ 갈매기가 다시 선비를 보고 무슨 걱정거리가 있느냐 물으니/ 선비는 말없이 미소만 짓는구나/ 그러자 파도 소리가 선비의 귀를 시원히 열게 하니/ 작은 섬도 얼른 달려와 친구가 되고자 하네/ 높이 나는 갈매기가 구름과 어울리니/ 어찌 선비 마음이 기쁘지 않으리요

현대인들에게는 늘 많은 걱정과 불안과 공포가 있다. 잠시 거제 바닷가 장승포 등에 나가보면 갈매기도 만나고 섬과 파도와 악수도 할 수 있다. 하늘의 구름을 바라보며 일상의 곤욕스런 소란도 떼어버릴 수 있을 것이다. 작가는 '구담'에서 늘 바다와 갈매기를 이웃해 온 것이다. 그러면서 도연명의 '歸去來辭' 같은 소망도 옆구리에 달고 다닌다. 다음의 '待季'(사계절을 기다리네)에서 초월적 세월을 염원하기도 했다.

誰人待春多/ 或者待夏春/ 多者待秋夏/ 好雪待冬秋
不待自季來/ 河急心待季/ 如思心如人/ 走馬言流水

'待季' 사계절을 기다리며, '어떤 사람은 겨울에 봄 기다리고, 또 어떤 사람은 봄에 여름 기다리고, 많은 사람은 여름에 가을 기다리고, 눈을 좋아하는 사람은 가을에 겨울 기다리네' 세상 사람들은 늘 기다린다. 어쩌면 우리는 태어나는 순간부터 죽을 때까지 '기다리는 삶'인지도 모른다. 그러나 계절은 기다림과 관계없이 늘 오고 가는 자연이다.

그래서 신철수는 '기다리지 않아도 대자연은 스스로 운행하는데, 어찌하여 마음 급하게 계절을 기다리는가?' 그래서 우리들은 흔히 세월을 '빨리 달리는 말과 흐르는 물'이라고 비유하곤 했다.

3. 가을 — 思秋菊(사추국) 가을·국화 생각

우리나라의 한시는 곡을 붙여 노래(樂府)로 불려지기도 했다. 그것은 '公無渡河歌'를 여옥이 箜篌引으로 부른 것이나 마찬가지 유형이다. 대표적인 악부에는 李齊賢의 '小樂府'『고려사』樂志의 俗樂, 그리고 李穡 등 고려말 문집에 실린 歌, 行, 吟, 哈, 曲, 등의 작품이 있다. 이러한 율격 등은 〈周易〉에서 흘러내린 것이다.

조선시대로 넘어와 '龍飛御天歌'를 비롯하여 申緯의 「소악부」, 金宗直의 '東都樂府' 沈光世의 '海東樂府' 申光洙의 '關西樂府' 尹達善의 '廣寒樓樂府' 등이 있으며 그 성격도 다양하다.

앞의 여름노래 '鷗談'과 비슷한 소재와 배경을 가진 가을노래에는 '波洗沙(파도는 모래를 씻고)'가 감동적이다. 가을이면 연중 가장 많은 생각이 겹치는 계절이다. 낙엽이 떨어지는 동시에 붉은 홍시 열매가 맺는 결실의 계절이기도 하다. 절망과 결말이 동시에 병행되는 비상한 사유의 시간이기도 하다. 그래서 작가는 다시 바닷가로 나가서 갈매기를 손짓한다. 하염없는 세월을 하릴없이 손짓하는 것이다.

　　　　沙洗聲波(사세성파)/ 早飛驚鷗(조비경구)
　　　　遠海金剛(원해금강)/ 波其去流(파기거류)
　　　　海鏡我心(해경아심)/ 上沙白雲(상사백운)
　　　　笑心願友(소심원우)/ 隨歲月流(수세월류)

'波洗沙'에서 '파도는 모래를 씻고'에서 신 시인은 앞에서 여름날 '갈매기'를 가까이 부르듯 해금강에서 다시 갈매기를 불러내었다. 그가 사는 거제와 바다는 그의 영혼이고 삶이다. 종횡무진 갈매기가 나는 바다와 파도와 구름은 그가 밤낮으로 품에 안고 사는 친구이며 話頭이다. 왜 나는 살아야 하느냐? 하는 이유와 존재론의 전부이다.

'모래 씻는 파도 소리는, 아침에 갈매기 놀라게 날리네, 멀리 해금강 보이는 데, 파도소리 거기 까지 흘러가리, 거울 같은 바다 나의 마음 같고, 모래 위 하얀 구름은, 친구 보고 싶은 마음으로 웃으며, 세월 따라 흘러가네'

가을에도 바닷가로 어김없이 나왔다. 해금강에서 '거울 같은 바다를 하염없이 들여다보니 나의 마음이 그대로 비치는 것 같고, 모래 위 하얀 구름은 절친한 친구를 보고 싶은 마음이네, 어렵고 고통스런 일도 많았지만 이제 한발 물러서서 웃으면서 세월 따라 흘러가는 것이 역시 현명한 생각이라네'

우리는 때로 익숙한 주변을 과감하게 버려야 더 큰 세계로 나아갈 수 있다. '나무는 꽃을 버려야 열매를 맺고, 강물은 강을 버려야 바다에 이른다' 우리의 주변은 늘 우울하고 바쁘다. 초대 대통령 李承晩(1875~1965)의 청년시절은 더 숨가쁘게 돌았다. 즉 최초의 신체시 이승만의 '古木歌'는 19세기말 고종의 정권을 古木에 비유한 것이다.

'대한제국은 늙고 병든 나무에, 서울에 주둔하고 있던 친러시아 수구파 관료들을 딱다구리에, 제정 러시아의 위협을 비바람에, 독립협회 개화파들은 포수에 비유한 노래이다'

바로 우리가 어린시절 겪었던 제1공화국 이승만 시대에는 주변 강대국 중국, 일본, 러시아의 대형 무력 앞에서 피말리는 공포의 시대였다. 우리를 지원하는 미국은 너무 멀리 떨어져 있다. 지정학적 국제역학은 지금도 별반 다르지 않다. 4각의 외세구도에서 이제는 북한을 포함한 5

각 대내외 구도가 되었다.

4. 겨울 – 思冬竹(사동죽) 겨울·대나무 생각

겨울이 왔다. 신철수는 겨울 대나무를 상기하며 역시 바닷가 겨울바다로 나간다. 세찬 겨울바람을 맞으며 수평선을 넘나드는 배와 바다 풀숲의 겨울 물고기도 굳이 깊이 들여다 본다. 한 해를 회고하며 다시 내년을 고대하는 것이다.

感海冬風
我見裏冬風去舟/ 時冬海草林魚遊
海松和黑石白沙/ 遠來雲待笑雲有

(바닷가 겨울 바람 느끼며)
나 겨울 바람 속 가고 있는 배 보고
겨울에 바다 풀 숲 고기 노네
바닷가 소나무 검은 바위 흰 모래 어울리는데
멀리서 구름 오니 기다리던 구름은 미소 짓네

'感海冬風(바닷가 겨울바람 느끼며) '바닷가 소나무 검은바위와 흰모래 대자연 속에 어울리는데, 멀리서 구름이 다가 오는구나, 오래 기다리던 반가운 구름이 한껏 미소 짓는구나' 여기서의 구름은 친구이자 애인이며 가족이다. 바다는 운명의 영혼이다. 봄, 여름, 가을, 겨울 사계절에 절절한 많은 노래를 한껏 불렀다. 그러면서 작가는 인간이란, 인생이란 그리고 행복이란 무엇인가 깊이 고뇌하는 것이다.

'구름이 행복'이란 것을 뒤늦게 깨달았다. 구름은 실체가 없지만 분명히 보인다. 손에 잡히지 않지만 명백하게 존재하는 것이다 행복이란 반대로 보이지 않지만 또한 분명히 존재하는 것이다. 바닷가의 구름은 더욱 차갑고 멀리 보이지만 여름의 뜬구름보다 더 소중하고 필요한 친구이며 영혼 덩어리이다.

'感海多風'는 杜甫(712~770)의 '登岳陽樓'와 같은 인생무상을 노래했다. '昔聞洞庭水/ 今上岳陽樓/ 吳楚東南坼/ 乾坤日夜浮…..' 5언율시 전반부 노래에는 '예전부터 동정호 풍경이 매우 아름답다고 들었는데, 이제서야 악양루에 오르는구나, 광활한 동정호가 오나라와 초나라를 둘로 나누었고, 천지만물은 밤낮으로 동정호 위에 떠 다니는 것 같구나' 서경적 경치를 내놓았다.

후반부 노래는 역시 댓귀가 되는 서정이다. '親朋無一字/ 老病有孤舟/ 戎馬關山北/ 憑軒涕泗流' 두보 자신이 이제는 늙고 병든 몸으로 가족을 이끌고 쪽배를 타고 유랑하는 신세를 한탄하는 것이다. '근래에는 친척과 친구들의 소식조차 하나도 없고, 늙고 병이 드니 작은 배만 나를 따르는구나, 전쟁의 말은 관산 북쪽에 있는데, 나는 악양루 난간에 기대어 무상한 인생에 눈물 콧물만 흘리는구나'

고향 땅 북쪽은 여전히 전쟁 중이어서 돌아갈 길이 막막하다. 이백의 낭만시와 대조적으로 두보의 고난시는 비극적이다. 그의 대표적 명시 '登岳陽樓'는 그가 사망하기 2년 전 57세에 지은 것이다. 조선시대 김삿갓의 한시는 고체시이지만 주제와 내용은 유사한 유랑시이다. 이중환의 '擇里志'도 전국을 떠돌며 긁은 방랑시이다.

5. 나무는 꽃을 버려야 열매를

　신라 진덕여왕이 당나라 고종에게 보낸 '太平頌'은 초기 한시이다. 도연병의 '귀거래사'에 화답한 한시가 李退溪의 '화도음주' 20수이다. 인간의 한평생은 생노병사 속에서 희노애락이 반복되는 것이다. 행복과 불행은 반복적이다. 따라서 살아가면서 때로 선택을 해야 한다.
　더 높은 곳으로 올라가려면 누에가 고치를 벗겨 나오듯이 버릴 때는 버려야 한다. '나무는 꽃을 버려야 열매를 맺고, 강물은 강을 버려야 바다에 이른다' 끝으로 신철수 시인의 '玉花'(꽃에 구슬이 피었네)를 선별해 보겠다.

　　　雪中開梅花/ 枝端有白珠
　　　女心相遠有/ 待戀思終無

　마지막 댓귀절 有/無(있다.없다)가 명창이다. '눈 속에 매화꽃 피었는데, 매화꽃 가지 끝에 하얀 꽃술 진주가 내밀어 있네, 애인과 사랑하는 간절한 마음이지만 멀리 있어서, 기다리며 사모하는 마음은 끝이 없구나'
　우주만물은 유무/음양으로 구성되어 있다. 동야철학의 핵심은 음양오행이다. 실체가 있으면 반드시 그림자가 있게 마련이다. 손도 하나이지만 손등과 손바닥 두 개가 있다. 마음도 하나인 것 같지만 이성과 감성이 있다. 플라톤과 이퇴계의 '理氣二元論'이 동서양 양끝에서 서로 상통한다는 게 이상하지만, 이상하지 않다. 이미 우주의 이치는 하나이기 때문이다. 뉴톤의 만유인력 법칙은 서양에만 있는 게 아니라 동서양 우주에 똑같이 존재하는 것이다.
　'玉花'는 신철수 시인의 호 '玉山'과도 연계되는 이미지이다. 우주에

만재한 모든 생물체에는 짝이 있고 짝에게는 생래적인 그리움이 있다. '금강경'의 인연법이다. 고등동물인 인간의 그리움은 더욱 절실하다. 그러나 누구나 만나면 헤어지게 된다. 헤어지면 또 만나게 된다. 한용운의 〈임의 침묵〉에선 나와 부처와의 인연을 비유했다.

이제 〈옥산 한시선〉을 정리해보자. 신철수 시인이 절규 또는 절창으로 노래한 한시들은 간절한 자연사상의 생명감이다. 대자연의 모든 생명체를 고귀하게 존경하고 심지어 무생명체인 돌, 공기, 구름도 생명체와 같이 사랑하고 존중해야 한다는 시베리안 샤머니즘 정신이다. 그렇게 전체적으로 통관하는 시적 주제는 자연으로 돌아가자는 '귀거래사'이다.

陶淵明(365~427)은 東晋 시대 '歸去來辭'와 '歸園田居'를 이미 깃발로 들었다. 여기에 화답한 시인은 蘇軾 삼형제가 중국 한시문학사에서 특히 유명하다.

'歸去來辭'의 핵심 주제는 '歸去來兮/ 田園將蕪胡不歸/ 旣自以心爲形役/ 奚惆悵而獨悲/ 悟已往之不諫/ 知來者之可追 ….' 이다. 즉 '고향으로 돌아가자, 어찌 전원생활로 돌아가지 않겠는가, 이미 정신을 육체의 노예로 만들었는데, 어찌 홀로 슬퍼하며 상심만 할 것인가, 이미 지난 일은 고칠 수 없음을 깨달았으니, 앞으로는 바른 길 가는 것이 옳다는 것을 알았네'

끝으로 우리는 신철수 시인의 정통 한시선이 한국 한시문학사의 명맥을 잇는 또하나의 소중한 시집임을 다행하게 생각한다. 기계적 AI 시대에 인간적 땀내 나는 詩語가 존재할 수 있다는 것 자체가 다행하고 희귀한 일이다.